PERDONAR Y OLVIDAR

PERDONAR Y OLVIDAR

Cómo curar las heridas que no merecemos

LEWIS B. SMEDES

Diseño de portada: Alejandra Ruíz Esparza Fernández
Fotografía de portada: Getty Images

Título original: *Forgive and Forget: Healing the Hurts We Don't Deserve*
Traducción: Berenice García Lozano

Bajo el sello editorial DIANA M.R.
Avenida Presidente Masarik núm. 111, 2o. piso
Colonia Chapultepec Morales
C.P. 11570, México, D.F.
www.editorialplaneta.com.mx

Primera edición: agosto de 1999
Décima quinta reimpresión: noviembre de 2008
Primera edición en esta presentación: julio de 2012
ISBN: 978-607-07-1238-8

Impreso en los talleres de Litográfica Ingramex, S.A. de C.V.
Centeno núm. 162, colonia Granjas Esmeralda, México, D.F.
Impreso y hecho en México – *Printed and made in Mexico*

A
mi hermana Jessie
y
a mi hermano Peter

*"cartas que no fueron escritas a través
de la mano, sino a través del Espíritu"*

Contenido

Prólogo a la nueva edición

He escuchado a ciertos escritores comparar la publicación de sus libros con el momento en el que los hijos abandonan el hogar. El sentimiento de estos escritores es el de pérdida de control sobre sus *hijos* y, por lo tanto, de incertidumbre. La progenie generalmente termina haciendo cosas que los padres nunca imaginaron que pudieran suceder. Así me sentí después de que *Perdonar y olvidar* salió de mi casa y tomó su propio camino. Mi *hijo,* tan poco prometedor en su etapa fetal, ha hecho por sí mismo cosas que nunca me hubiera atrevido a esperar.

Ha de haber una Providencia que corre a la cabeza de ciertos libros, y que les abre camino en los desiertos de la mente lastimada. Y debe de haber una energía escondida debajo de la superficie de las palabras que, de vez en cuando, estalla (cuando las palabras son leídas) y afecta al lector en una forma de la que no pueden dar cuenta las palabras por sí solas. Una persona escribe las palabras solamente para iluminar modestamente algún rincón oscuro de la vida. Y, entonces, alguien que espera en ese rincón contempla la luz y es transformado por ella. El poder no está en las palabras. Las palabras son sólo cerillos que encienden la mecha oculta en el espíritu de la persona que las lee.

Lo que *Perdonar y olvidar* parece haber hecho por la gente sólo puede ser descrito mediante un cliché psicológico: la ha curado. O para ser más precisos, le ha dado la energía para *curarse a sí misma.* Algunas veces ha rescatado a ciertas personas del abismo; carta tras carta empieza con estas palabras: "Si su libro no hubiera llegado a mí, me hubiera quitado la vida." Otras veces, las ha despojado de una camisa de fuerza de resentimiento, o incluso rabia, que ha fermentado sus almas durante años. En ocasiones les ha devuelto la esperanza perdida cuando alguien en quien confiaban plenamente los traicionó. La mayoría son pequeños milagros silenciosos, pero lo extraño es que verdaderamente acontecen. Y siguen sucediendo.

La curación de un lector generalmente parece detonarse mediante un descubrimiento, un descubrimiento de algo que ya se sabía olvidado. El lector puede pensar que no lo sabía, pero al descubrirlo ocurre, inevitablemente, un reconocimiento: "Claro, es obvio; siempre supe que tenía que ser de esta manera."

¿Qué es lo que los lectores descubren? Cosas sencillas y elementales, como el hecho de que la persona que perdona es la primera que se beneficia con ello. Estas personas pudieron haber escuchado que el perdón es una tarea difícil que Dios ha puesto sobre los cristianos. Pero, después, la revelación les dice que el perdón es una oportunidad para que la gente lastimada cure sus propias heridas. Descubren que el perdón es algo que ocurre en la mente de la persona lastimada, aunque a veces la persona a la que perdonan no se entera de ello. Encuentran que esperar a que la otra persona pida perdón para otorgarlo es convertirse en rehenes de aquellos que las han dañado. El perdón no nos convierte en "tapetes" de nadie. Cuando perdonamos, estamos liberando a un prisionero y ese prisionero somos nosotros mismos.

De alguna manera, el perdón compensa lo que Dios no pudo darnos cuando nos creó, es decir, la capacidad para cambiar el pasado; no pudo inventar una tecla para borrar las cosas malas que nos acontecen. Todo lo que nos pudo dar fue el poder para recordarlas. Esto no sería mayor problema si el pasado no nos hubiera cargado con los errores que otras personas han cometido sobre nosotros, daños que no podemos deshacer ni olvidar, agravios que infectan nuestra memoria y nos hacen enfermar. Una vez que algo nos lastima, el don de la memoria se convierte en un obstáculo para perdonar. Y nuestra incapacidad para perdonar se transforma en imposibilidad de ser felices.

Todos sabemos que el resentimiento prolongado, debido a un daño que no podemos olvidar, es una toxina que envenena no solamente la memoria de una persona, sino también a todo el sistema humano. Envenena la vida de tribus, de naciones, de familias, de amigos, así como las vidas de los individuos lastimados. Del resentimiento se pasa a la animosidad y de ésta, a la rabia, la que puede enloquecer a la gente. Enfrenta a los hermanos, a los grupos humanos y a los individuos. Más allá de todo esto, declara la guerra del individuo dañado contra sí mismo; lo que agrava su dolor.

Descubrimos que la única manera de sobreponernos a la miseria del resentimiento por aquellos daños, es perdonar a la gente que nos los hizo. Solamente después de habernos curado nosotros, puede haber una curación entre nosotros y la persona que nos hirió.

Misteriosamente y, quizá, para mí, milagrosamente, *Perdonar y olvidar* es la manera en la que muchas personas han hecho el descubrimiento y, en el proceso, se han curado. Todo esto me conduce a decir que estoy satisfecho de que finalmente, en la edad madura, *Perdonar y olvidar* haya regresado a Harper San Francisco, su hogar, no para establecerse, sino para recibir nuevas misiones y salir una vez más a vivir su propia vida y a hacer su propio trabajo.

Una palabra de agradecimiento

Personalmente, aprendí sobre el perdón, no leyendo buena literatura, sino escuchando a aquellos que pueden perdonar. Varios de ellos aparecen en este libro, la mayoría ocultos bajo nombres que no les pertenecen. A ellos quiero agradecer el haber compartido sus esfuerzos y triunfos conmigo.

También debo mencionar al doctor Paul Clement, quien me permitió dar con él un seminario sobre el perdón en la Fuller Graduate School of Psychology, así como a la doctora Carol Visser, quien me invitó a impartir un taller en la materia, patrocinado por el Creative Counseling Center en Hollywood. A Jan Gathright, quien con paciencia y habilidad imaginativa convirtió mis garabatos en un texto impecable; le debo mucho del mérito que este libro pueda tener en cuanto a estilo y claridad. A mis dos editores, Linda Mead de L. T. Mead & Associates y Roy M. Carlisle de Harper & Row San Francisco —quienes me enseñaron más de lo que pensé necesitar sobre la forma de escribir un libro—, sólo puedo agradecerles la cantidad y la rapidez de su enseñanza. Mi esposa, Doris, por otro lado, me enseñó un amor que hace posible el perdón, y mi gratitud hacia ella nace del corazón.

Una gran parte del libro la escribí mientras fui miembro del Institute for Ecumenical and Cultural Research, Collegeville, Minnesota, durante el otoño de 1983. Difícilmente pude haber encontrado otro escenario más placentero y favorecedor para recordar y escribir; así es que quiero agradecer a los miembros y, en particular, a Robert Bilheimer, el director del Instituto, por su hospitalidad. También agradezco a los miembros del seminario de Fuller, quienes generosamente me dieron un tiempo sabático para hacer mi visita posible.

Asimismo, debo decir que sabría muy poco sobre la capacidad humana para perdonar de no haber sentido, en mi propia vida, el don del amor de Cristo que lo perdona todo; así es que quiero agradecer a Dios por inventar la manera de curar las heridas que no merecemos.

Una invitación

Alguien te lastimó, quizá ayer, quizá hace una vida, y no puedes olvidarlo. No merecías esa herida que se hizo lo suficientemente profunda como para quedar almacenada en tu memoria, y continúa lastimándote ahora.

No estás solo. Todos caminamos torpemente a través de un mundo en el que incluso las personas de buenas intenciones se lastiman las unas a las otras. Cuando nos entregamos a relaciones personales profundas, abrimos nuestras almas a las heridas de la infidelidad e incluso a la traición de otros.

Hay algunas heridas que todos podemos ignorar. Gracias a Dios, no todos los desprecios se adhieren a nosotros. Pero algunos dolores añejos no se lavan tan fácilmente; permanecen como necia suciedad en la tela de nuestra propia memoria.

Heridas profundas que nunca merecimos fluyen desde un pasado muerto hasta nuestro presente. Un amigo nos traiciona; un padre nos maltrata; una pareja nos abandona en el frío —estas heridas no sanan con la llegada del sol.

Alguna vez todos hemos deseado poder regresar a un momento de dolor y arrancarlo de nuestras vidas. Algunas personas tienen suerte, pues parecen estar dotadas de glándulas que secretan las hormonas del perdón. Nunca guardan resentimiento, no recuerdan las viejas heridas. Su pasado doloroso muere con el porvenir. Pero la mayoría de nosotros encuentra que los dolores del pasado siguen navegando por nuestra memoria, y no hay nada que podamos hacer para detener su flujo.

¿Nada?

La gran filósofa judía, Hannah Arendt, hacia el final de su estudio sobre *La condición humana*, compartió su descubrimiento sobre el único poder que puede detener el flujo inexorable de los recuerdos dolorosos: la "capacidad del perdón". Es tan sencillo como eso.

El perdón es la invención divina para llegar a un acuerdo con un mundo en el que, a pesar de las buenas intenciones, la gente es injusta y se lastima una a la otra profundamente. Él empezó perdonándonos y nos invita a hacerlo entre nosotros.

Virtualmente, cada periódico en el mundo occidental contó la historia de cómo, un amanecer de enero de 1984, el Papa Juan Pablo entró a una celda húmeda de la prisión Rebibbia en Roma para encontrarse con Mehmet Ali Agca, el hombre que había atentado contra su vida. El Papa tomó la mano del hombre que le había disparado al corazón y lo perdonó.

Pero el Papa es un profesional en el arte del perdón; y puede ser fácil para un profesional tan elevado perdonar cuando sabe por anticipado que todo el mundo estará observando.

Es diez veces más difícil para una persona común, a quien nadie observa, perdonar y olvidar.

Perdonar es la tarea más difícil del amor, así como su más alto riesgo. Si lo distorsionas en algo que nunca debió ser, te puede convertir en un individuo sumiso o en un manipulador insoportable.

El perdón parece ser casi antinatural. Nuestro sentido de justicia nos dice que la gente debe pagar por los daños cometidos. Pero el perdón es el poder amoroso que puede romper esta ley de la naturaleza.

Pregúntate lo siguiente: ¿Qué es lo que hago cuando perdono a alguien que me ha hecho daño?

¿Quién es perdonable? ¿Existen personas que han ido más allá de la zona del perdón?

¿Cómo lo hago?

¿Por qué debo intentarlo siquiera? ¿Existe un pago? ¿Es justo?

Los invito a seguirme en la búsqueda de las respuestas que yo he encontrado a lo largo de mi propio viaje.

Los ojos mágicos: una pequeña fábula

En la aldea de Faken, en lo más recóndito de Friesland, vivía un panadero alto y delgado llamado Fouke —hombre recto, de barbilla y nariz largas y delgadas. Fouke era tan probo que parecía salpicar rectitud desde sus labios delgados a cualquiera que se le acercaba, por lo que la gente de Faken prefería mantenerse alejada de él.

La esposa de Fouke, Hilda, era pequeña y redonda, sus brazos eran redondos, su vientre era redondo, sus caderas eran redondas. Hilda no mantenía a raya a la gente con sus lecciones de honestidad; su suave redondez parecía invitarlos a acercarse a ella para compartir la calidez de su corazón abierto.

Hilda respetaba a su virtuoso esposo, y lo amaba también en la medida en la que él se lo permitía; pero su corazón anhelaba de él algo más que su valiosa rectitud.

Y ahí, en el lecho de su necesidad, yacía la semilla de su tristeza.

Una mañana, habiendo trabajado desde el amanecer, amasando su pasta para los hornos, Fouke llegó a casa y encontró a un extraño en su recámara, recostado sobre la cadera redonda de Hilda.

El adulterio de Hilda pronto se convirtió en la conversación de la taberna y en el escándalo de la congregación de Faken. Todo el mundo supuso que Fouke echaría a

Hilda de su casa, ya que era tan recto. Pero sorprendió a todos al mantener a Hilda como su esposa, diciendo que la perdonaba como la *Biblia* decía que debía hacerlo.

Sin embargo, en lo más profundo de su corazón, Fouke no podía perdonar a Hilda por haber manchado su nombre. Siempre que pensaba en ella, sus sentimientos eran de rabia y dureza; la despreciaba como si fuera una prostituta. La odiaba por haberlo traicionado, después de haber sido él un esposo tan bueno y tan fiel.

Fouke sólo fingió perdonar a Hilda para poder castigarla con el peso de su recta misericordia.

Pero la falsedad de Fouke no tiene un lugar en el cielo. Así es que cada vez que Fouke sentía su odio secreto hacia Hilda, un ángel llegaba hasta él y dejaba caer una pequeña piedra, apenas del tamaño de un botón, en el corazón de Fouke. Cada vez que una piedra caía, Fouke sentía un dolor tan agudo como el que sintió cuando encontró a Hilda alimentando su hambriento corazón en la despensa de un extraño.

Por lo tanto, la odió aún más; su odio le trajo dolor y su dolor lo hizo odiar.

Las piedrecillas se multiplicaron, y el corazón de Fouke creció por el peso; tan pesado se hizo que la parte superior de su cuerpo se dobló y, para poder ver hacia adelante, fue necesario forzar el cuello. Abrumado por el dolor, Fouke empezó a desear estar muerto.

El ángel que dejó caer las piedras en su corazón llegó hasta Fouke una noche y le comunicó que su dolor sería curado.

Había un remedio, dijo, sólo uno, para la herida de un corazón lastimado. Fouke necesitaría el milagro de los ojos mágicos. Necesitaría ojos para ver hacia atrás, cuando se inició su dolor, para ver a Hilda no como la esposa que lo traicionó, sino como una mujer débil que lo necesitaba. Sólo una nueva manera de ver las cosas a través de los ojos mágicos podría sanar el dolor que fluía de las heridas del pasado.

Fouke protestó. "Nada puede cambiar el pasado", dijo. "Hilda es culpable, un hecho que ni siquiera un ángel puede cambiar."

"Sí, pobre hombre adolorido, tienes razón", dijo el ángel. "Tú no puedes cambiar el pasado, sólo puedes curar el dolor que te llega de él. Y sólo puedes sanarlo a través de la visión de los ojos mágicos."

"¿Y cómo puedo conseguir los ojos mágicos?", se enfurruñó Fouke.

"Sólo pídelo con anhelo y te serán otorgados. Y cada vez que veas a Hilda a través de tus nuevos ojos, una piedra será removida de tu corazón lastimado."

Fouke no pudo hacer su petición inmediatamente, pues había aprendido a amar su odio. Pero el dolor de su corazón finalmente lo condujo a desear y pedir los ojos mágicos que el ángel había prometido. Así es que pidió. Y el ángel otorgó.

Pronto, Hilda comenzó a cambiar ante los ojos de Fouke maravillosa y misteriosamente. Él empezó a verla como una mujer necesitada que lo amaba, en lugar de la mujer vil que lo había traicionado.

El ángel cumplió su promesa: empezó a remover las piedrecillas del corazón de Fouke, una por una, por lo que se tardó bastante en remover todas. Fouke gradualmente sintió que su corazón se aligeraba, empezó a caminar erguido nuevamente, y, de alguna manera, su nariz y su barbilla dejaron de ser tan delgadas y agudas. Invitó a Hilda a entrar en su corazón nuevamente —lo que ella hizo— y juntos empezaron un viaje hacia una segunda etapa de humilde felicidad.

Primera parte

LAS CUATRO ETAPAS DEL PERDÓN

¿Qué es lo que haces cuando perdonas a alguien que te lastimó? ¿Qué es lo que acontece entonces? ¿Cuándo es necesario perdonar? ¿Qué pasa después? ¿Qué efecto debes esperar que logre en ti el perdón? *¿Qué es perdonar?*

Por sí mismo el acto de perdonar es un acto maravillosamente sencillo; pero siempre acontece en medio de una tormenta de emociones complejas. Se trata del truco más difícil en la bolsa mágica de las relaciones personales.

Así es que seamos honestos. Hablemos claramente acerca de los "ojos mágicos" que son otorgados a aquellos que están preparados para liberarse de la prisión de dolor que nunca merecieron.

Perdonamos en cuatro etapas. Si podemos recorrerlas todas, alcanzamos el clímax de la reconciliación.

La primera etapa es el *dolor*: cuando alguien te causa un dolor tan profundo e injusto que te hace imposible el olvido, eres empujado a la primera etapa de la crisis del perdón.

La segunda etapa es el *odio:* no puedes sacudir el recuerdo de lo mucho que fuiste lastimado, por lo que no puedes desearle el bien a tu enemigo. Algunas veces quieres que la persona que te lastimó sufra como tú lo estás haciendo.

La tercera etapa es la *curación:* Te son otorgados los "ojos mágicos" para que puedas ver a la persona que te lastimó bajo una nueva luz. Se sana tu memoria, el flujo del dolor se revierte y eres libre nuevamente.

La cuarta etapa es la *reunión:* invitas a la persona que te lastimó a que entre nuevamente en tu vida; si él o ella viene de manera honesta, el amor puede llevar a ambos hacia una relación nueva y sana. La cuarta etapa depende tanto de la persona que perdona como de la que es perdonada; a veces, no hay respuesta y la curación debe de hacerse a solas.

CAPÍTULO 1

Lastimamos

Si llegas a vivir largamente, es muy probable que seas lastimado por alguien a quien considerabas un amigo. Si eres como yo, puedes dejar que la herida se infecte y crezca hasta que ahogue tu felicidad. Cuando esto sucede, has entrado en la primera etapa del perdón.

Estoy hablando del tipo de heridas que punzan y supuran dentro de nosotros, el tipo de heridas que no podemos digerir como fibra en nuestra dieta interpersonal. Nuestras heridas pueden parecer superficiales a otros, pero sabemos que no es así; después de todo, somos nosotros quienes las sentimos.

Me gustaría contarles una pequeña historia sobre la herida que sentí alguna vez, para ilustrar la manera en la que algo, al parecer insignificante para los demás, puede sumergirnos dentro de la crisis del perdón.

Para empezar, es importante mencionar que provengo de una larga dinastía de herreros de pueblo. De hecho, nuestro nombre de familia, Smedes, es una vieja palabra holandesa que significa *smith*.* Desde que la gente empezó a usar apellidos, cada niño varón en nuestra familia creció ganándose

---

* ***Smith***: significa herrero en inglés. (N. del T.)

la vida golpeando un yunque, y era una fuente de orgullo familiar ser un herrero digno de la vocación.

Regresemos a la historia. Me gradué, sin distinción alguna, de la preparatoria Muskegon la noche de un viernes de junio. Al día siguiente, me subí a un Greyhound que me llevó a Detroit, en donde empecé a trabajar en los establecimientos de la Smedes Iron Works, una tienda familiar que mi tío Klass construyó a partir de una herrería que manejaba en un garage durante sus primeros días de inmigrante. Debido a que no tenía ni el dinero ni las recomendaciones para una educación superior, me sentí contento de aceptar el ofrecimiento de mi tío para iniciarme dentro del negocio del acero.

Mi trabajo empezó en el establecimiento, apilando barras de hierro, cortándolas con antorcha de acetileno del tamaño requerido por los contratistas de las constructoras y pintándolas con una mezcla de gasolina y alquitrán para evitar una rápida oxidación. Nunca llegué a utilizar la fragua en la que las formas aparecían tras golpear y torcer las barras del rojo y ardiente metal, la herrería genuina todavía hecha en Smedes Iron Works.

Para ser honesto, mi capacidad como herrero era pobre. Era demasiado alto, demasiado delgado y demasiado soñador para un trabajo que requería una mezcla de fuerza y talento. Al nombre de los Smedes no se le añadió ningún brillo durante mi estancia en el Iron Works.

Mi primo Hank, en cambio, era diferente; nació para forjar. Sus muñecas eran poderosas, sus manos obedecían a su mente y él podía vislumbrar formas artificiosas del acero en la imaginación antes de siquiera tomar entre sus manos el martillo.

Algunas veces Hank me llevaba a algunas construcciones, donde instalábamos una reja o cerca alambicada que él había forjado en la tienda. Me enseñó a hacer horadaciones cuadradas en el concreto y a instalar los postes, vertiendo acero fundido en el espacio sobrante. Ocasionalmente, me abría las puertas de su confianza y me contaba deliciosos secretos familiares y chistes subidos de tono que yo nunca había escuchado.

Gradualmente, Hank me hizo sentir como si yo fuera su verdadero amigo.

Pero parecía tener una personalidad dual. Una parte de él era amistosa y divertida; la otra, engañosa y cruel.

Cuando estábamos los dos solos me mostraba su cara amable. Yo acepté esa parte de él; ciertamente, era la única faceta que yo necesitaba.

Pero cada vez que alguien más se acercaba mientras estábamos trabajando —un inspector de construcción, por ejemplo—, Hank develaba su maldad. Se ponía en mi contra, y siempre convertía en testigo de esto al hombre que nos estaba mirando.

"Oye, Lew, mueve tu esquelético trasero hasta aquí y haz bien este trabajo una vez en tu vida."

"Este asno que me encajaron como asistente no conoce la diferencia entre un martillo y unas tenazas, pero es el sobrino del jefe y lo tengo que aguantar."

"Lew, aquí no vales nada, es mejor que lo sepas desde ahora."

De esta manera Hank me hablaba y hablaba de mí frente a los hombres que ambos queríamos impresionar, equivocadamente, como trabajadores competentes.

Primero él me hacía creer que yo era su amigo; después me humillaba. Yo era presa fácil de dominar debido a que en ese momento lo que más necesitaba era un amigo. Así es que cuando Hank me mostraba su parte amable durante el camino a casa —incluso si me había hecho sentir como un tonto ese mismo día—, yo volvía a creerle, sólo para recibir su burla al día siguiente.

Supongo que odié mucho a Hank y durante un largo tiempo. ¿Y por qué no hacerlo? Duele ser tomado por amigo y, después, tratado como un perro callejero. Sabía en el corazón que, aunque mi actitud era negativa, ciertamente no merecía el daño que Hank me había hecho.

Mi dolor me condujo a la primera etapa del perdón, la etapa crítica en la que tuve que tomar una decisión sencilla: ¿Quería curarme o seguir sufriendo por una herida injusta almacenada en mi memoria?

Siempre llegamos a este momento crucial cuando sentimos que alguien nos ha lastimado profundamente. ¿Dejaremos que el dolor more en nuestros corazones y devore nuestra felicidad? ¿O utilizaremos el milagro del perdón para curar el daño inmerecido?

Es claro que sufrimos en gran medida debido a heridas superficiales de las que realmente nadie necesita ser perdonado: pequeños oprobios que sencillamente necesitamos soportar de buena gana.

Necesitamos clasificar nuestras heridas y aprender a diferenciar entre las que claman por el milagro del perdón y las que pueden ser sobrellevadas con un poco de sentido del humor. Si apilamos todos nuestros dolores y recetamos el perdón de manera general, convertimos este arte en algo barato y común. Como el buen vino, el perdón debe conservarse para la ocasión adecuada.

La herida que crea la crisis del perdón es tridimensional. Siempre es *personal, injusta* y *profunda*. Cuando se experimenta este tipo de dolor tridimensional, la herida sólo puede ser curada mediante el perdón hacia aquel que la ocasionó.

DOLOR PERSONAL

Sólo podemos perdonar a la gente, no podemos perdonar a la naturaleza aunque ésta nos lastime con frecuencia. A veces el dolor proviene de aquello que la naturaleza no nos da —algunas personas, sin culpa alguna, nacen con carencias de salud, belleza o inteligencia—. A veces, sólo sentimos el vértigo de la furia de la naturaleza, como hace poco unos amigos íntimos lo sintieron al enterrar a su bebé, víctima de un misterio denominado “muerte de cuna”. Cada uno de nosotros puede ser víctima azarosa de las fuerzas naturales que nos arrancan de nuestra dignidad y nos estrellan sin respetar mérito o necesidad.

Pero, nuevamente, no podemos perdonar a la naturaleza. Podemos maldecirla, sentir enojo contra ella, culparla por todo lo que no funciona bien en nosotros y, finalmente, rendirnos a los pies de su poder brutal. Podemos utilizar la ciencia para defendernos temporalmente en contra de la caprichosa ferocidad de la naturaleza. O, dentro de la fe, podemos ver más allá de la naturaleza y descansar en el propósito secreto de Dios que se esconde tras las formas extrañamente perversas de la naturaleza. Pero no la perdonamos. El perdón, una vez más, fluye sólo entre personas.

Tampoco podemos perdonar a los sistemas. Dios sabe que los sistemas pueden lastimar a la gente. Los sistemas económicos pueden encerrar a la gente de escasos recursos en un *ghetto* de pobreza brutal. Los sistemas políticos pueden convertir a las personas libres en esclavos. Los sistemas corporativos pueden manipular a la gente para después desecharla como basura. Pero no perdonamos a los sistemas. Sólo perdonamos a la gente.

La gente es la única que puede ser considerada como *responsable* por lo que hace. Ella es la única que puede *aceptar* el perdón y decidir regresar a nosotros.

El perdón es siempre una acción personal. De esto se deduce que debemos perdonar *solamente* a las personas que *nos* han producido un daño.

Yo no necesito perdonar a la gente que no me ha lastimado. De hecho, no tengo ningún *derecho* a hacerlo; sólo sus víctimas lo tienen. Puedo estar enojado por lo que se le ha hecho a alguien más; puedo juzgar, condenar y clamar por que sus cabezas rueden. Puedo, por ejemplo, nutrir una furia gigantesca hacia Stalin por el asesinato masivo de rusos. Pero, a menos que me haya dañado a mí personalmente, no me corresponde perdonarlo, pues sólo pueden hacerlo honestamente aquellos a quienes perjudicó. Abarataría el milagro del perdón si tan sólo pretendiera ejercerlo sobre los grandes verdugos de la historia que, personalmente, no me han lastimado.

No quiero decir que uno deba soportar en soledad el peso del daño hecho. Muchas veces nos lastima más sentir el dolor que padecen aquellos que amamos. Yo, por ejemplo, enloquezco con el dolor de mis hijos. Si alguien los lastima, el dolor que siento es peor que si el daño fuera ocasionado directamente sobre mí. En cualquier caso, debemos *sentir* de alguna manera dolor por nosotros mismos o, de lo contrario, no necesitamos la cura que el perdón brinda.

Si el perdón cura el dolor que sentimos, tenemos una buena razón para mantenernos en contacto con nuestras propias heridas.

Algunos de nosotros negamos el dolor que verdaderamente sentimos. Duele demasiado como para reconocerlo. Algunas veces, nos asusta; la gente traicionada y lastimada por sus padres generalmente no puede admitir su dolor por miedo a odiar a las personas a las que verdaderamente desea amar. Así es que utilizan mil mecanismos para negar su dolor.

Algunas veces niego mi dolor, no por miedo, sino por orgullo. Aprieto los dientes en un acto heroico de negación a admitir que ciertas personas tengan el suficiente poder para lastimarme. De igual manera, una esposa traicionada dice: "Sé que mi esposo ha estado jugando con esa bruja cómplice a la que llama su secretaria, pero no le voy a dar el gusto de verme sufrir." Así es que echa el dolor al cuarto oscuro de su alma; lugar vedado para los sentimientos. Y puede llevarse a la tumba este dolor; quizá llegue incluso a soportar a la secretaria, pero nunca perdonará al esposo mientras se niegue a admitir el dolor que siente tan profundamente.

Por supuesto, resumo el libreto. Por lo general los personajes del cuento no son unos corderillos inocentes y unos lobos malos. La mayoría de nosotros debemos perdonar mientras estamos siendo perdonados por otros. Y, a veces, el acto de ser perdonado se funde tanto con el acto de perdonar que difícilmente podemos sentir la diferencia entre ambos.

Pero, en esencia, el milagro de la curación sucede cuando una *persona* siente el dolor y perdona a la *persona* que abrió la herida.

DOLOR INJUSTO

Cuando alguien nos hiere *injustamente* siempre nos enfrentamos a una crisis del perdón. Perdonar es el remedio del amor a utilizarse cuando somos *agraviados* por una persona en cuyo buen trato confiábamos. Hay una diferencia entre sufrir un dolor que tiene una causa clara y sufrir el dolor de un agravio no esperado.

Duele perder cincuenta dólares en una apuesta justa; también duele un asalto en la calle. Pero existe una diferencia moral entre lo que perdemos justamente y lo que sufrimos con injusta violencia. A un niño le duele cuando su madre le grita por haberle pegado a su hermanita; también duele cuando a un niño su padre borracho le grita por haber nacido. ¡Pero qué diferencia entre un dolor justo y un agravio brutal!

No todo el mundo significa una amenaza para nosotros. En nuestras vidas hay muchas personas que hieren nuestros sentimientos fútilmente y que su intención no es la de provocar un daño real. Sufrimos algunas heridas inevitables simplemente porque somos seres vulnerables que viven en un mundo loco, donde los espíritus frágiles se estrellan accidentalmente con frecuencia.

Por ejemplo: hubo una persona en mi vida que me hacía cosas ultrajantes. Solía gritarme durante la cena; hacía que la atendiera a cualquier hora, día y noche, sin importar lo ocupado que estuviera en otros asuntos y, de vez en cuando, solía hacerse pipí en mis mejores pantalones. Para empeorar las cosas, se enfermó gravemente y me enloqueció por no comunicármelo. Hubo momentos en los que sentí la necesidad de golpearla. Pero nunca sentí el impulso de perdonarla.

Ella era mi hijita de seis meses de edad, y yo no sentí la necesidad de perdonar sus excesos porque ella no me lastimaba con intención. Yo la amaba y recogía todo lo que ella tiraba.

Mi ejemplo puede ser un poco exagerado, pero le da énfasis al punto. No tenemos que perdonar a la gente por cada herida que sentimos.

Muchos de nosotros nos enfrentamos al dolor cuando descubrimos que una relación humana importante que creíamos eterna, es, de hecho, temporal. Partimos, nos abandonamos unos a otros, y el ser abandonados es frecuentemente un dolor amargo.

Algunas amistades necesitan disolverse; algunas relaciones amorosas, terminar. Y el abandono usualmente lastima a alguien, pero un corazón herido puede ser sólo el riesgo del amor en un mundo en el que todo lo que llega también debe partir.

Quizá la peor manera en la que la gente nos abandona injustamente —y, sin embargo, sin perjurio— es cuando enferma y muere dejándonos solos. Pero la muerte es parte de la naturaleza; generalmente, no se muere por ocasionar un daño. Aun así, ¿cómo puede un niño entender que su padre al morir de cáncer, no *quería* abandonarlo? Se necesita mucha sensibilidad para tratar con las personas que racionalmente han procesado estas pérdidas, pero que todavía se sienten ultrajadas por una persona que murió y provocó un abandono cuando más se la necesitaba.

Es más difícil todavía cuando aquellos a quienes amamos *deciden* morir, a pesar de lo mucho que los necesitamos vivos. Cuando Bob se colgó no le contó a nadie sus motivos. ¿Tenía que terminar con su vida? ¿Hay que culparlo por el terrible dolor que dejó tras su muerte? ¿Debe perdonarlo su esposa? No puedo contestar. Sólo ella sabe.

A veces no se puede saber con seguridad si uno ha sido la víctima de un accidente inevitable o si ha sido lastimado injustamente. Es posible necesitar ayuda para identificar las heridas y, así, ver la diferencia entre el dolor que se desprende de nuestra vulnerabilidad y el que produce el ser blanco de un ataque injusto.

No quiero decir que el dolor es injusto *sólo* cuando alguien *intenta* ser injusto. El dolor es injusto cuando no lo *merecemos* o cuando es *innecesario.* Así es que no es necesario comprobar que alguien *pretendía* provocar el daño antes de poder perdonar. Serás empujado hacia una crisis del perdón cuando hayas sido golpeado innecesariamente, sin importar las intenciones de la persona que causó el daño.

Hice un pequeño catálogo de las heridas injustas que todos sentimos de vez en cuando. En ninguno de los casos, el que produce el daño *pretende* ser injusto. Pero en cada ocasión *experimentamos* la herida como un asalto injusto. Compara mi lista con tu propia experiencia.

La gente nos lastima porque cree que nos lo merecemos

Algunas personas tienen el propósito de lastimar. Su intención es la del castigo justo a través del daño. Hablamos de Macbeth y su resolución de liquidar al rey: "Definido e inclinado/ Cada agente corpóreo a este hecho terrible";

de Booth apuntándole a Lincoln en un teatro; de Lee Harvey Oswald maquinando la muerte de Kennedy en una calle de Dallas; de Judas merodeando en la noche para traicionar a su Maestro. Cada uno de ellos hacía lo que su víctima, según ellos, merecía.

Estoy casi seguro de que la mayoría de las personas que alguna vez me han herido intencionalmente ha creído en cierto tipo de justicia. Alguna vez un colega me escribió una carta privada que llegó a mi trabajo, en la que me acusaba de algunas faltas teológicas. Para mí, su carta fue injusta, y me causó muchos problemas. Supongo que mi colega pretendía ser justo. Pero sus intenciones y lo que yo experimenté fueron dos cosas diferentes. La acción *fue* injusta, sin importar que él pretendiera lo contrario. Y la injusticia del asunto me llevó a una crisis: ¿quería yo que aquello se incubara en mi memoria o usaría los "ojos mágicos" para curarme?

La *mayoría* de las personas cuya intención es lastimar a otros, creen en la justicia de sus acciones. Con los dientes rechinando, ojos de acero y labios apretados, se lanzan para hacernos daño con la total seguridad de que nos lo merecemos. "Me duele más a mí que a ti" es la sentencia misericordiosa de la persona que pretende ser justa lastimando. Pero sus intenciones no disuelven la injusticia que *sentimos*.

Al ser lastimados de esta manera, entramos en una crisis del perdón. No podemos relacionarnos —amistosa o amorosamente— con la persona que nos lastimó hasta no llegar a un acuerdo sobre la injusticia de la herida.

Las personas nos lastiman compulsivamente

A veces las personas nos lastiman no por querernos hacer un daño, sino porque es algo incontrolable en ellas.

Jack no pretendía lastimar a su familia; simplemente, no podía mantenerse alejado del alcohol. Walter nunca quiso lastimar a su esposa al tener una aventura con otra mujer, pero no podía controlar el impulso de su libido.

Hace aproximadamente un año, mis amigos Ben y Phyllis Sewall fueron embestidos por una crisis del perdón tan terrible como nadie me ha contado. La tarde de un apático verano en Laguna Beach, California, su hijo Roger esperaba en su moto frente a un alto. Detenido, con los pies sobre la tierra, aguardaba su turno para arrancar. Media cuadra detrás de él, Sid Charid aceleraba su Camaro hacia esa dirección. Ante el alto, no se detuvo. Roger, golpeado por detrás, murió casi instantáneamente debido al impacto que le ocasionó aquel coche que nunca vio venir. El conductor se detuvo un momento y después huyó.

Aparentemente, Sid estaba drogado. Su intención no *era* producir un daño; estaba fuera de control, manipulado por una sustancia química que le obnubiló la mente. Pero Roger no merecía morir; así como tampoco mis amigos merecían perder a su hijo. No fue justo. Y esta injusticia brutal desató una crisis tan dolorosa como ningún corazón herido es capaz de soportar.

Las personas nos lastiman con los excesos de sus problemas

A veces, nuestros esfuerzos personales, demasiado turbulentos para controlarlos, se derraman afectando a las personas inocentes que están alrededor. Nuestra intención no es lastimar a estas personas que, desafortunadamente, parecen estar en el lugar y en el tiempo equivocados.

Los niños, generalmente, son las víctimas menos afortunadas del dolor que derraman los conflictos de los adultos.

Mi amigo Morgan se encontraba atrapado en un matrimonio miserable y tenía buenas razones para querer escapar. Pero sus dos pequeños vivían en la misma casa, ahogados en la contracorriente de la furia de los adultos y seguros de que, de alguna manera, ellos mismos eran los culpables del odio entre sus padres. Morgan sólo intentaba salir de un matrimonio sin esperanza. Lo último que él quería era herir a sus hijos, los que se encontraban inevitablemente atrapados en el campo de batalla. Los niños no se lo merecían; los *agravios* que sufrieron son tan claros como sus heridas.

Las personas nos lastiman con sus buenas intenciones

Con frecuencia, la gente nos lastima al intentar hacernos un bien. Sus planes bien intencionados se desvirtúan, quizá debido a la influencia de alguien más, quizá debido a su propia torpeza. Sin importar cómo, lo que hacen para ayudarnos se convierte en algo que nos lastima.

El amigo más generoso que tuve era Alec Morton, un cirujano desinteresado que dedicaba dos de cada cuatro años de su vida a curar a personas pobres de un hospital improvisado en una misión de Burundi. No recibía pago alguno por su trabajo e, incluso, llevaba sus propias medicinas y las daba generosamente a los pobres, por lo que él también coqueteaba crónicamente con instalarse en la frontera de la miseria. Pero le preocupaban sus hijos y su educación, así es que tomó el consejo de un corredor astuto e invirtió todos sus ahorros en un negocio que prometía, en unos años, producir lo suficiente como para garantizar que sus seis hijos tuvieran una buena educación, y su esposa una vida sin problemas.

El pago resultó ser un pedazo de tierra sin valor.

La mente de Alec estaba puesta tanto en los enfermos de Burundi como en la seguridad de sus hijos. Su intención era buena, pero su generosidad se convirtió en pérdida injusta.

Alec —con una innata tendencia depresiva— se hundió cada vez más en el pantano de la autocondena. Una noche subió a una colina cercana a su casa y se disparó. Su suicidio fue, de todas las heridas, la más injusta. Sus hijos no merecían *perderlo* de la misma manera en que habían perdido el dinero; fue sumamente injusto con ellos, sin importar la bondad de sus intenciones. Pienso que en sus hijos existe una necesidad de perdonar a esta figura que, paradójicamente, era la de un santo.

La gente nos lastima con sus errores

Algunas veces los errores de la gente nos lastiman. Puede tratarse de profesionales que realmente desean ayudar y que, sin embargo, en ocasiones se equivocan.

No muchas personas pueden lastimarnos con sus errores de la manera en la que los doctores lo hacen. Confiamos en sus cuidados; dejamos que nos anestesien mientras cortan nuestros cuerpos y los cosen nuevamente. Pero pueden equivocarse y sus errores nos cuestan demasiado.

Mi suegra, anciana y enferma, requería de una transfusión masiva de sangre. De alguna manera, bombearon erróneamente a través de sus venas un tipo de sangre que no correspondía al suyo. Nadie en el hospital quiso dañarla. Los errores le suceden a cualquiera, pero ella estuvo a punto de morir injustamente.

Un joven interno que intentaba impresionar a su enfermera, recetó un nuevo tratamiento cuando su deber era hablar primero con el cirujano a cargo. Las medicinas, una vez en el interior de su paciente, se mezclaron con otras que estaba tomando; el médico debió de haber revisado con más cuidado, pero en el momento sus preocupaciones eran otras, y las consecuencias fueron dolorosas e injustas.

En cada uno de estos casos, hay errores. Todos los cometemos alguna vez en la vida. Pero cuando nuestros doctores lo hacen, los que pagamos las consecuencias somos nosotros. Pagamos costos extras del hospital. Pagamos con el dolor que pudo haberse evitado. De vez en cuando, podemos pagar incluso con nuestras vidas. Y es injusto, sin importar las intenciones de los médicos.

Pero, ¡ya es suficiente! Mi catálogo de heridas injustas tiene como función recordar que la injusticia de la herida con frecuencia yace en la experiencia de la víctima, no en la intención del que la provoca.

¿Se debe perdonar a alguien que te lastima injustamente, pero que nunca pretendió causar un daño?

No muchas personas *pretenden* ser injustas. Incluso un mafioso cree que mata solamente cuando la gente lo merece. Así es que si necesitamos perdonar a la gente sólo cuando *pretenden* lastimarnos injustamente, es probable que nunca necesitemos perdonar a nadie en la vida.

De hecho, uno puede *sentir* incluso más terriblemente la injusticia del dolor propio, mientras la persona que causó el daño lo hizo descuidadamente. El conductor ebrio que mata al hijo del vecino, nunca pretendió causar un mal, pero el horror de la injusticia puede sentirse más profundamente debido a lo innecesario del asunto.

Sin embargo, quizá lo más pertinente sea nuestra necesidad de perdonar *por nuestro bien.* Cada alma humana tiene el derecho a liberarse del odio, y cada vez que perdonamos a alguien que nos ha herido injustamente —incluso si sus intenciones fueron limpias— hacemos valer nuestra buena herencia.

DOLORES PROFUNDOS

La tercera dimensión del dolor que necesita del perdón tiene que ver con la profundidad. Las heridas que necesitan del perdón son profundas.

La profundidad no es una medida precisa cuando hablamos del dolor; la profundidad de éste yace en los corazones de la gente que lo siente. Así es que no podemos ser exactos. Lo sabemos con seguridad únicamente cuando *sentimos* la contusión. Sin embargo, podemos por lo menos ponernos de acuerdo en algunas crudas diferencias entre las heridas superficiales que podemos soportar y las más profundas que nos alejan de la persona que las produjo.

A continuación, mi propia experiencia describe algunas de las heridas con tan poca profundidad como para reñir.

Molestias

Nuestras vidas están salpicadas de molestias. Yo no puedo tolerar al tipo de clientes que se meten en la caja rápida con un exceso de productos y, todavía, hablan con la cajera sobre su gato, mientras yo espero impacientemente para pagar un litro de leche. Mi esposa enloquece cuando tomo el control de la televisión y cambio de canal frenéticamente. Ella me fastidia cuando, durante la comida, estira sus pequeñas historias hasta convertirlas en novelas completas. Todas estas molestias irritan nuestra piel delicada, pero con certeza no son lo suficientemente profundas como para plantear el tema del perdón.

Si convirtiéramos cada disturbio en crisis de perdón, nuestras conversaciones girarían alrededor de eternas reconciliaciones. Es mejor tolerar estas molestias y dejar el perdón para curar heridas más profundas.

Desaires

La humillación del desaire no es tan terrible como la de la calumnia, pero lo suficientemente mala como para hacernos sentir que perdemos piso en el orden social. Queremos que la gente respete nuestro lugar en la línea, y el hecho de perderlo nos lastima.

Una vez, como estudiante en Holanda, fui invitado a pasar una tarde dominical en casa de un profesor famoso en Amsterdam. A la mañana siguiente, presumí ante mis compañeros americanos la íntima amistad que el gran hombre y yo habíamos establecido. Pocas semanas más tarde, en una recepción, me encontraba de pie con el mismo grupo de amigos cuando el famoso profesor entró en el salón. Todos fuimos presentados ante él y, cuando llegó mi turno, no recordaba haberme visto antes. No les dijo a mis amigos que yo era un gusano, no me escupió ni me denigró. Únicamente desairó mis intentos de llamar su atención. Pude haberlo matado. Pero, aun así, no necesité perdonarlo.

Los desprecios nos duelen por nuestra propia inseguridad; somos seres necesitados que deambulan alrededor de otros cuya atención ayuda a construir nuestra autoestima. Nos duele cuando las personas pasan sin percibirnos, pero no las exiliamos de nuestras vidas por esto. En realidad, debemos sacudirnos los desaires, no perdonarlos.

Desengaños

Cuando la gente no hace lo que esperamos de ella, nos duele. Invertimos nuestra vida en nuestros hijos y ellos dan esto por concedido, como si lo merecieran todo. Alguna vez fui candidato para obtener un codiciado reconocimiento. No lo logré y, más tarde, descubrí que mi mejor amigo no había votado a mi favor. Por lealtad, un amigo mío permaneció en su compañía cuando le ofrecieron un mejor trabajo en otro lugar y, al estar vacante el puesto que quería, su jefe lo ignoró promoviendo a un joven que ondeaba su reciente Maestría en Administración de Empresas.

¡Desilusión! Puede abofetear el rostro de tu orgullo y dejarte con el sentimiento de haber sido engañado. Sin embargo, aunque el desengaño sea profundo, no se trata de una traición y el perdón es innecesario.

Los segundos lugares

Una madre le da a su hija todas las oportunidades, más allá de las que puede afrontar; su hija abandona la escuela y se convierte en mesera mientras su mejor amiga se gradúa como abogada. Un estudiante se mata por un ocho mientras que su compañero, sin mayor esfuerzo, obtiene diez en todo. El caballo de tu amigo, en cada carrera, es el ganador, mientras que el tuyo nunca se las ingenia para aparecer en escena.

Cuando alguien más obtiene el brillante premio que tú deseabas, el segundo lugar te lastima. El dolor es más difícil de soportar cuando la persona que se adelantó es tu mejor amigo. Debes abrazarlo y celebrar su buena suerte, cuando tu deseo sería correr y ahogar tus penas en soledad.

Para ser honestos, nos sentiríamos mejor si nuestros amigos perdieran cuando nosotros lo hacemos; si sus postes fueran derribados cuando los nuestros caen; y si sus hijos reprobaran junto con los propios. Pero no dejamos al amigo que ha obtenido algo codiciado por nosotros, así como tampoco tenemos que perdonarlo por ello.

Es sabio y sano no convertir todas las heridas en crisis del perdón. Si necesitaras perdonar cada pequeño dolor que sufres en tu lucha por un lugar bajo el sol, obstruirías el flujo de todas tus frágiles relaciones humanas. Cuando convertimos estos percances personales en felonías mayores, ponemos a todos los que están a nuestro alrededor a la defensiva.

Entonces, ¿qué tipo de herida injusta se puede sumergir lo suficientemente profundo como para hacer emerger una crisis del perdón? ¿Cómo sabes si la herida es tan seria como para provocar un distanciamiento? ¿Cuándo se requiere de la cirugía espiritual que llamamos perdón?

Daré tres ejemplos de heridas injustas suficientemente profundas como para orillarnos a una crisis del perdón: ***falta de lealtad, traición*** y ***brutalidad.*** Trataré de explicar lo que cada una de ellas significa para mí.

Deslealtad

Soy desleal cuando pertenezco a una persona y la trato —a él o a ella— como a un extraño.

La mayoría de nosotros tenemos distintos círculos de gente a la que pertenecemos debido a vínculos personales de lealtad. Dentro de cada círculo, la unión se da a través de una promesa establecida para permanecer uno al lado del otro. A veces la promesa se hace —con la cabeza inclinada, ante testigos— como un juramento público. Otras veces, la promesa se oculta en silencio detrás de nuestros actos; una madre hace un compromiso en silencio para cuidar a su bebé recién nacido sencillamente tomándolo entre sus brazos; o bien, dos amigos pueden jurar lealtad profunda sin la necesidad de articular una sola palabra. En cualquier caso, nuestra promesa ofrecida desde la libertad, para permanecer y cuidarnos mutuamente, es el hilo invisible que nos mantiene juntos; pertenecemos el uno al otro de la única manera en la que un ser humano puede hacerlo.

Las promesas hechas entre las personas dan nacimiento a la confianza. Contamos con aquellos que nos hacen promesas. Un bebé confía en que su mamá estará ahí cuando la necesite. Una esposa confía en que su esposo la respalde. Un amigo cuenta con un amigo. Siempre que alguien hace una promesa para cuidarnos y apoyarnos, inmediatamente se establece un vínculo de confianza de nuestra parte, de la misma manera en que a ellos los liga su compromiso.

Así es que cuando un padre abandona a su familia en dificultades, es desleal por tratar a las personas que le pertenecen como si fueran extraños. Cuando un hijo hace de la mentira un hábito para manipular a sus padres, los trata como extraños a pesar de que les pertenece por un vínculo de confianza. Una mujer se siente violada cuando descubre que su esposo ha estado jugueteando con otra mujer durante varios años, debido a que le pertenece de manera única y la ha tratado como si fuera cualquier otra mujer.

El vínculo de lealtad en la amistad puede no ser tan estrecho como lo es el de la familia, pero si descubrimos que un amigo nos abandona después de haber prometido algo —un favor, un préstamo, una bendición—, es decir, cuando lo necesitábamos profundamente, y sólo porque no quiso desviarse de su camino, el sentimiento es el de una violación a los pilares de la amistad. Alguien en quien confiábamos, desde la lealtad de la amistad, nos ha tratado como si fuéramos extraños.

Una persona que rompe una promesa de lealtad transgrede una relación basada en la promesa y la confianza. Y no podemos continuar la relación a menos de que el daño se repare. La herida es demasiado profunda como para pretender que nada ha sucedido.

La deslealtad, lejos de ser aceptable, es ofensiva. Debemos, ya sea separarnos y cargar el dolor solos, o bien, perdonar a la persona que nos ha sido desleal.

Traición

Si apretamos los tornillos un poquito más, la deslealtad se convierte en traición. Mi socio me es desleal cuando me trata como a un extraño, pero me traiciona si me trata como a un enemigo.

Pedro fue desleal con Jesús cuando negó conocerlo, pero Judas lo traicionó al venderlo a los enemigos por treinta piezas de plata. Traicionamos a nuestra gente siempre que la vendemos por un precio determinado.

¿Puede algo doler más que la traición de un amigo?

No necesitamos codiciar grandes sumas para ser traidores. La mayoría de los traidores son Iscariotes menores, apostando por premios insignificantes. Un amigo que le dice a otro mi secreto sobre algún punto débil, sabiendo que puedo salir lastimado, me está traicionando. Un esposo que menosprecia a su esposa frente a un grupo de invitados, está cometiendo traición menor. Un colega cercano que me promete apoyo para un ascenso, pero que en secreto comunica que no soy competente para el trabajo, me traiciona. Un padre que seduce a su propia hija, ciertamente la traiciona.

César tuvo a Brutus, su amigo más querido, que le dio la espalda y lo asesinó. Pero un amigo, amante, esposo o socio que permite que otros nos dañen, traiciona de la misma manera. Sin importar el método o la profundidad de la herida, nos traicionan.

Algo que yace cerca de nuestras almas no puede ceder a la traición, ni siquiera si es trivial. Nos sentimos engañados y menospreciados. Cada relación humana cimentada en la confianza se fractura con la traición. Ser amigos o amantes después de una traición, sería una farsa. Lo sabemos porque nosotros mismos sentimos la herida profundamente. Y, cuando la sentimos, entramos en una crisis del perdón.

Brutalidad

Como regla perdonamos a la gente que de alguna manera nos pertenece —esposos, hijos, padres, amigos íntimos—. Pero a veces, necesitamos perdonar a extraños que se ligan a nosotros mediante la soga de la brutalidad.

Un extraño entra en nuestra casa durante la noche mientras dormimos, vulnerables, solitarios en la intimidad de nuestros cuartos. El sentimiento es el de una transgresión personal tan profunda que no podemos sentirnos indiferentes ante el hombre; no de la manera casual en que la indiferencia nos aísla de cualquier extraño. No hubo contacto físico. No hubo intercambio de miradas. Sin embargo, entró a tu lugar privado sin tener derecho. Ya no se trata de un simple extraño; él es, ahora, a pesar de no tener rostro, un enemigo personal.

Considera un peor asalto. Un extraño viola a una mujer en un estacionamento. Ella no sabe su nombre; sólo sintió su agresión. Por este hecho, él no puede permanecer como un simple extraño. Él, al dejarla devastada, se convierte en un enemigo personal y, debido a que están ligados mediante la violencia, a ella la invade el odio.

Pero este tipo de brutalidad no siempre viene de extraños. De hecho, la gente más brutal asalta a sus seres cercanos. Los hombres que nunca duermen con otras mujeres golpean a sus esposas y piden crédito por su fidelidad. Los padres que jamás abandonarían a sus familias son capaces de golpear a sus hijos. Podemos convertirnos en los seres más crueles para aquellos a los que pertenecemos.

Existe también el tipo de brutalidad que no se caracteriza por el maltrato físico —un ojo morado, un hueso roto—. Podemos dañar brutalmente a otros sin siquiera tocarlos. Personalmente, he escuchado a algunas madres decirles a sus hijos, sin alguna buena razón, que no sirven para nada. He conocido a padres que, con cierta regularidad, le han dicho a sus hijas que no son mejores que prostitutas.

Una vez, en una fiesta en Europa, vi a un estadounidense que intentaba divertir a sus invitados instando a su esposa —que sólo sabía hablar húngaro— a que repitiera palabras en inglés de las que se hubiese horrorizado de haber conocido el significado. En ese momento pensé que su trato hacia ella era tan brutal como el de un golpe físico. Y yo, por ser testigo, me sentí tratado de igual manera.

Somos brutales cada vez que pretendemos disminuir la excelencia humana de una persona. Puede tratarse de una agresiva violación o de un insulto denigrante. La brutalidad, sin importar quién la cometa, nos confronta con una de las crisis del perdón más angustiantes.

Hasta aquí entonces, en cuanto a los tipos de heridas personales, injustas y profundas que nos conducen a la primera etapa del perdón.

Las heridas menores que comúnmente no necesitarían del perdón se pueden *convertir* en ofensas mayores mediante la repetición. Por ejemplo, si Betty persiste en una acción solamente *porque* es fastidiosa y te arroja esta insignificante molestia con regularidad, probablemente lo que ella *quiere* es degradarte sin arriesgar demasiado. Quiere lastimarte con su desdén, pero no tiene el valor para desafiarte de frente. Estas molestias, entonces, se convierten en injurias morales que no debes permitir.

Lo mismo se aplica con los desaires. Si tu jefe *siempre* olvida las citas que tiene contigo, este desaire te degrada. Si tu padre nunca tiene tiempo para escuchar tus problemas, su desaire se perfila como deslealtad. Si tu amigo nunca te llama cuando sabe que estás enfermo o en problemas, su desaire, al convertirte en un extraño, tiene visos de deslealtad.

¿Cómo saber cuando los daños insignificantes se convierten en felonías insufribles que necesitan del perdón? Sólo puedes saberlo cuando estás en escena. No puedes sentenciar los casos de otros; necesitas sentir la diferencia por ti mismo. Algunas personas convierten las faltas leves en felonías siempre que las *primeras* los lastiman. Otras personas hacen de sí mismas blancos pasivos, invitando casi a cualquiera a tirar contra ellos. Pero hay una diferencia, y uno de los signos de la madurez es la capacidad que se necesita para reconocer la diferencia en medio de la dolorosa angustia del momento en el que se es víctima.

CAPÍTULO 2

Odiamos

El odio es un tigre que gruñe en el alma. Es nuestra respuesta natural ante cualquier dolor profundo e injusto. El odio es nuestro contragolpe hacia cualquiera que nos lastima sin razón.

¿Pero qué es lo que sentimos cuando odiamos a otro ser humano? ¿Especialmente cuando odiamos a alguien a quien también amamos, o solíamos amar?

Quizá sentimos sólo un odio pasivo —la semilla de mala voluntad que nos roba la energía para desearle el bien a alguien.

Con frecuencia he sentido odio pasivo y, si se supiera la verdad, también lo han hecho otras personas que aman, al menos, tan fácilmente como yo. Cuando pienso en un hombre que alguna vez me mintió, mi corazón no puede sentir el deseo de que tenga éxito en su trabajo. No deseo que muera, simplemente no quiero que le vaya bien mientras viva. Al menos, no quiero que le vaya mejor que a mí. No puedo elevar una plegaria honesta para que se convierta en una estrella brillante en el pequeño cielo que compartimos.

Por otro lado, se encuentra la furia agresiva capaz de enloquecernos. Una mujer desea que su ex esposo contraiga herpes o, al menos, que sea miserablemente infeliz con su nueva mujer. Uno espera que al amigo que nos fue desleal cuando le confiamos nuestros secretos, lo despidan de su nuevo trabajo. Podemos conformarnos con una compensación menor o, radicalmente, desear que nuestro enemigo caiga muerto. En cualquier caso, no se nos acaba la energía positiva que se requiere para desear el bien, sino que *piadosamente* les deseamos el mal. Nuestra posición es de ataque. Este es el odio agresivo.

Cuando odiamos pasivamente, perdemos la pasión amorosa para bendecir. Cuando odiamos agresivamente, nos conduce una pasión capaz de vapulear a alguien con un huracán o, al menos, con un empedernido viento invernal de hostilidad.

Pasivo o agresivo, nuestro odio nos separa de aquellos a los que pertenecemos. El odio nos los arrebata. ¿A dónde se los lleva? A cualquier lugar en el que ningún bien pueda alcanzarlos o ningún daño deje de acaecerles. El odio es la violencia interna original que separa a las personas.

A veces el odio hace una escisión en nuestras propias almas; una parte de nosotros odia, mientras que la otra ama; y esto nos conduce a amar y a odiar a la misma persona. Una esposa ama a su esposo por su atractivo sexual y lo odia por sus humillaciones. Un esposo puede amar la devoción de su mujer por el matrimonio y odiarla por su negligencia ante sus necesidades. Amamos al padre cuyo amor imploramos; lo odiamos por enloquecernos con un amor que mantiene fuera de nuestro alcance, como un premio al que no podemos aspirar. Sí, podríamos jugar al dueto amor-odio infinitamente.

El asunto es que la flama destructiva del odio coexiste con el flujo acariciante del amor; el odio que nos separa va de la mano con el amor que nos une. Ciertamente, podemos odiar de la manera más dolorosa a la gente a la que amamos con más pasión.

En algún momento, el odio necesita curarse. Pasivo o agresivo, el odio es maligno; es peligroso, mortal, si se le permite seguir su curso. Nada bueno se desprende del odio que una persona guarda en su interior y que seguramente lastima más al que lo lleva dentro que al mismo objeto de ese odio.

No debemos confundir el odio con el enojo. Es el odio y no el enojo el que necesita curación.

El enojo es un signo de que estamos vivos y bien. El odio nos indica enfermedad y necesidad de curación.

Un enojo sano nos lleva a cambiar algo que nos molesta; el enojo puede suministrar energía para mejorar. El odio no pretende hacer un cambio positivo, sino empeorar las situaciones. El odio quiere arrojar el aliento pútrido de la muerte sobre una vida que ha sido creada solamente a través del amor.

Me permitiré señalar algunos puntos sobre el odio que hacen de él una enfermedad muy difícil de curar.

Es a la gente y no la maldad en sí misma, lo que odiamos

Se dice que debemos "odiar el pecado y amar al pecador". Si logramos hacer esto, nuestro odio se convertiría en algo creativo. Pero debo admitir que no tan fácilmente se encuentra el poder para hacerlo; la maldad que odio busca adherirse a la persona a la que odio de la misma manera como la piel se adhiere al cuerpo, y muy rara vez puedo apartarlas.

No hablo de odiar la crueldad; hablo del odio hacia la gente cruel. No hablo de odiar la traición; hablo de odiar a los traidores.

Si David me traiciona, y lo odio por haberme lastimado, es porque mi mente no puede separar la acción de la persona. Él y su promesa rota son una sola realidad adherida dentro de mi alma adolorida.

Este es el dolor; este odio dirigido hacia una persona; no es salud, no es fuerza, es una enfermedad del alma.

A nadie le gusta admitir su odio hacia alguien. Nos hace sentir malos. Así es que negamos nuestro odio. Lo escondemos de nosotros mismos. El odio se nos presenta tan repulsivo que es difícil admitir que lo cargamos —ya sea una cubeta llena o una cucharada— en nuestro sistema. Negamos, disfrazamos y reprimimos el odio real que se fermenta en nuestras almas.

Efectivamente, odiamos a la gente. Únicamente un santo no terrenal o alguien insensible puede vivir sin odiar —pasivamente, al menos, y de vez en cuando— con el estallido belicoso de la maldad agresiva.

Cuando negamos nuestro odio, nos desviamos del camino que nos lleva a la crisis del perdón. Reprimimos nuestro rencor, hacemos ajustes y nos autoconvencemos de que somos demasiado buenos como para odiar. Pero la verdad es que no nos atrevemos a admitir el odio que sentimos porque no queremos caer en el riesgo de perdonar.

Simulamos estar en paz mientras la furia se agolpa internamente, debajo de la superficie. Ahí, oculto y reprimido, nuestro odio abre caminos subterráneos de veneno que, eventualmente, infectan todas nuestras relaciones de maneras impredecibles. El odio negado y escondido nos sitúa en un infierno helado detrás de máscaras aislantes de convivencia cálida. El odio que se admite y se siente, en cambio, nos empuja a optar por el milagro curativo del perdón.

¿Por qué preocuparse? ¿Por qué temer tanto que las personas decentes odien a la gente que las ha dañado?

La razón es que el odio enfocado en alguien es muy difícil de curar. Cuando únicamente odiamos la maldad del hecho, nuestro odio desaparece, pues el orden se restablece. Pero cuando odiamos a la persona que nos hace daño, el odio permanece vivo mucho después de que el daño que se hizo haya desaparecido, así como el olor a ceniza de madera quemada de un edificio incendiado persiste mucho después de que el fuego ha sido apagado.

Nuestros sentimientos se adhieren al momento en el que se produjo el dolor y lo dotamos de inmortalidad. Permitimos que nos asalten cada vez que regresa el recuerdo. El odio viaja con nosotros, duerme y ronda sobre nosotros mientras hacemos el amor, y se cierne a nosotros al morir. Nuestro odio ni siquiera tiene la decencia de morir cuando mueren aquellos en los que se inspira, pues es un parásito que chupa *nuestra* sangre, no la de ellos.

Existe sólo un remedio para él.

Frecuentemente dirigimos nuestro odio hacia aquellos que viven dentro de nuestro círculo de amor comprometido

Por lo general, odiamos a alguien lo suficientemente cercano como para amarlo. Odiamos a la persona que creíamos que iba a permanecer a nuestro lado, a la persona de la que esperábamos lealtad, a la persona en cuya promesa confiábamos.

Rara vez odiamos a los extraños. Nos enojamos con ellos. En juegos de beisbol me he enfurecido con el árbitro y me he enojado con el ruidoso borracho de al lado. Pero nunca he odiado a un árbitro que personalmente no conozco, o a un borracho al que nunca volví a ver. La única situación que amerita llegar a odiar a un extraño es cuando éste se acerca tanto como para violar nuestra intimidad.

El odio hacia las personas que están dentro del círculo de amor comprometido es el tipo de odio más virulento. El efecto no es tan grave cuando odiamos a una persona que nunca nos prometió nada, que nunca caminó por nuestros senderos privados tocando las cuerdas de nuestras almas. Pero cuando una persona destruye lo que nuestro compromiso y nuestra intimidad crearon, algo valioso muere. Odiar a las personas que amamos nos enferma.

Y el virus es resistente a todos los anticuerpos, excepto a uno.

Odiamos a los que culpamos

Cuando odio a alguien, lo condeno por una herida de primer grado. Responsabilizo a esa persona por haberme herido personalmente: la culpo. Me niego a disculpar la brutalidad de Howard tomando en cuenta el contexto de su propia infancia brutal. No puedo justificar la infidelidad de Jean, que es una víctima desafortunada de sus tórridas hormonas. Si ellos me han lastimado, los odio.

A menos de que estemos un poco locos, odiamos sólo a aquellos que culpamos por habernos hecho algún mal.

Nuestro odio es un halago, de alguna curiosa manera. Separamos a la persona odiada de los demás y la honramos como a una persona libre. Nuestro odio nos dice que esta persona tiene una voluntad y que la ha utilizado para dañarnos.

Cuando odiamos a alguien que se lo merece, creemos obrar con rectitud. El tipo se lo merecía. Lo que sentimos es exactamente lo que debemos sentir. El cielo y la tierra temblarían si no odiáramos a la persona cuya intención fue hacernos daño.

El odio *santo* es el más difícil de curar. Sólo existe un remedio que vale la pena recetar. Pero es difícil. Y mientras más tiempo odiamos más se demora la curación.

Recuerdo la obra de teatro de Michael Christopher, *El ángel negro,* en la que relata la historia de Herman Engel. Engel, un general alemán de la Segunda Guerra Mundial, fue sentenciado por la Corte de Nuremberg a treinta años de prisión por las atrocidades cometidas por sus soldados. Sobrevivió a la sentencia y fue liberado. Durante la obra, aparecía en Alsacia construyendo una cabaña en el bosque en la que él y su esposa intentaban vivir por el tiempo que les quedaba —de incógnito, olvidados, en paz—. Pero un hombre llamado Morrieaux —periodista francés— esperaba su turno.

La familia de Morrieaux había sido masacrada por los hombres de Engel durante la guerra. Cuando la Corte de Nuremberg se había negado a darle muerte al enemigo treinta años antes, Morrieaux en privado lo condenó a morir. Su condena sobrevivió en el fuego de odio que mantuvo en su corazón. Había llegado el momento.

Morrieaux había convocado a los fanáticos que vivían en la aldea cercana a la cabaña de Engel. Esa misma noche subirían la colina, incendiarían la cabaña y matarían a Engel y a su esposa.

Morrieaux, sin embargo, antes quería atrapar a Engel. Algunos huecos en la historia de Engel estimulaban la necesidad del periodista por tener la historia completa. Así es que subió la colina, se presentó ante un Engel tembloroso y pasó esa tarde cuestionando al general sobre la masacre que acosaba su pasado como una sombra olvidada.

Pero la débil humanidad de Engel —parecía no un monstruo sino solamente un viejo cansado— confundió a Morrieaux. El periodista, además, tenía dificultades en juntar las piezas de la terrible historia, así es que lo invadió una nueva duda. Su venganza se distorsionó; la pureza de su odio quedó contaminada.

Hacia el final de esa tarde, mientras el sol se ponía y el bosque se convertía en una caverna, Morrieaux anunció a Engel que los aldeanos iban a subir para matarlo esa noche. Ofreció sacarlo de ahí y salvar su vida.

Pero la inquisición de aquella tarde había despertado otro tipo de dudas en el alma de Engel, quien se detuvo, con los ojos fijos en una piña que acababa de caer de un pino negro: "Iré con usted", dijo lentamente, "bajo una condición". ¿De qué se trata? ¿Está loco? ¿Se atreve a poner condiciones cuando se le está salvando la vida? ¿Qué condición?

"Que me perdone."

¿Perdón? Morrieaux había exterminado a Engel de mil exquisitas maneras en las fantasías de odio con las que había jugado mentalmente durante treinta años. Pero frente a la ambigüedad del Engel humano, la venganza de Morrieaux se desestabilizó. Salvaría la vida de aquel hombre. Sí, cancelaría la ejecución.

Pero, ¿perdonarlo? Nunca.

Esa noche, los aldeanos enfurecidos llegaron tapados con capuchas, incendiaron la cabaña y asesinaron a Engel y a su esposa.

Ahora pregunto, ¿por qué Morrieaux no pudo perdonar a Engel? ¿Por qué fue más difícil perdonarlo que salvarle la vida?

Creo que fue demasiado para Morrieaux debido a que su odio se convirtió en una pasión almacenada demasiado tiempo en su alma. Morrieaux no podía vivir, no podía volver a ser el de antes sin su odio; se había *convertido* en su odio. Su odio no le pertenecía, él pertenecía a su odio. Habría tenido un grave conflicto de identidad si hubiera dejado de odiar a Engel.

La tragedia radica en que el perdón, lo único que no le podía dar a Engel, habría liberado a Morrieaux.

El odio puede ser fatal cuando dejamos que crezca dentro de nosotros. Los mejores hombres pueden llenar sus barrigas de él. Y es tan real, ya sea que surja de una escena molesta pero insignificante entre amigos o de un asunto de inmoralidad internacional.

Algunas veces, el odio solamente pellizca las orillas del corazón; no siempre quema el interior del alma. Otras veces sólo pide que la persona odiada permanezca lejos de nosotros durante un tiempo; no siempre ataca la yugular.

Ya sea que el odio adopte la forma de un carcinoma que crece con tendencias infernales para darle muerte al alma, o bien, la de una ligera quemadura de corazón, éste lastimará si no se utiliza el remedio adecuado. La curación puede requerir de una heroica cirugía del alma o, una vez más, se puede solicitar una rápida cauterización. Pero inevitablemente el odio desatendido se hará presente.

Sin embargo, tal odio *puede* ser curado, y los invito a abordar este tema a continuación.

CAPÍTULO 3

Nos curamos

Estamos listos para dar el primer paso hacia la curación. Aparta tu mente de la persona a quien necesitas perdonar; todavía no te preguntes qué será de ella. Pon tu atención únicamente en el que ha sido herido e intenta perdonar. Piensa solamente en Fouke y en sus “ojos mágicos”. No te preocupes por Hilda en este momento.

Cuando perdonas a alguien por haberte lastimado, realizas una cirugía espiritual dentro de tu alma; cortas el mal que te fue hecho para poder ver a tu “enemigo” a través de la mirada mágica que cura tu alma. Separa a la persona del dolor y déjalo ir, de la misma manera en que un niño abre sus manos para liberar a una mariposa.

Después, invita a la persona a que regrese a tu mente, fresca, como si una parte de historia entre ustedes hubiera sido reescrita, y su apego a tu memoria completamente roto. Haz que el aparentemente irreversible flujo de dolor retroceda ante ti.

El primer regalo que obtenemos es una nueva forma de *percepción*.

Cuando perdonamos a la gente, gradualmente empezamos a ver la verdad profunda que subyace en ellos, una verdad que nuestro odio nos impide ver, una verdad que sólo podemos vislumbrar cuando hacemos una separación entre ellos y lo que nos han hecho. Cuando curamos nuestra memoria, no estamos jugando; no nos estamos haciendo tontos. Podemos acercarnos a la verdad nuevamente. Pues la verdad de aquellos que nos lastiman es que son seres débiles, necesitados y falibles. Son personas antes y después de habernos herido. Débiles y necesitados, antes y después de herirnos. Necesitaban nuestra ayuda, nuestro apoyo y consuelo antes de habernos lastimado; y todavía los necesitan. No son *sólo* las personas que nos hirieron; ésta no es su verdadera esencia. Nuestro odio quiere cubrirlos —desde la cabeza hasta los pies— con los harapos de su terrible acción. Pero los ojos mágicos del perdón ven más allá de este aspecto andrajoso y nos permiten ver la verdad.

Esta nueva percepción trae consigo un *sentimiento nuevo.*

Cuando el perdón nos deja vislumbrar la verdad de nuestros enemigos, hace que un nuevo sentimiento hacia ellos nazca en nosotros.

Cuando hablamos de sentimiento, la palabra "irrelevancia" puede ayudar. Cuando alguien perdona, el mal que se ha hecho se convierte en algo irrelevante en la situación actual del sentimiento nuevo. El acto que ocasionó la herida no importa, no cuenta, no tiene ningún peso, no puede adivinarse en la nueva actitud hacia la persona odiada hasta antes de ser perdonada. El dolor provocado alguna vez no tiene conexión con el sentimiento actual.

Ciertamente, no podemos separar al agente de su acto; la liberación se da en nuestra memoria. Si podemos hacer esta escisión dentro de nuestra memoria, podremos ver a la persona que realmente vive detrás de la capa de la terrible acción.

Perdonar, entonces, es una nueva visión y un nuevo sentimiento que se le otorgan a la persona que perdona.

La *Biblia* dice lo mismo cuando describe el perdón divino. En el antiguo drama de la expiación, Dios quitó una carga de pecados humanos de la espalda de un hombre y los ató a un chivo. Le dio una patada en el trasero y expulsó —con todo y pecados— al chivo expiatorio a una tierra solitaria, liberando al pecador de su carga. O, como el poeta de los Salmos lo expresó, nos limpia los pecados como una madre limpia el rostro de su pequeño; lo aparta como el Este está apartado del Oeste, y "nunca ambos volverán a encontrarse".

¿Un chivo expiatorio? ¿Un rostro lavado? Es un lenguaje poético para lo que Dios hace *dentro de su propia mente*. Él transforma su memoria; lo que una vez *hicimos* es irrelevante a lo que ahora *siente* por nosotros.

Así es cuando perdonamos por primera vez a alguien. Cuando perdonas a tu amiga Linda, quizá seas el único curado. No tienes el poder para atraer a Linda a tu vida nuevamente. Ella está fuera de tu control. Puede ser que a ella no le importe tu perdón; quizá ella preferiría tu odio; quizá tu odio por ella justifique su propio odio hacia ti. Así es que cuando perdonas, generalmente debes quedar satisfecho con la edición realizada en tu memoria. Es esta edición de tu memoria la que te salva.

Si no puedes liberar a la gente de sus malas acciones y verla como la gente necesitada que es, te esclavizas a tu propio y doloroso pasado, y, al hacerlo, haces del odio que te invade tu futuro. Puedes revertir tu futuro únicamente al liberar a otras personas de su pasado.

El perdón es una liberación *sincera,* aunque se haga de manera invisible, dentro del corazón del que perdona. Es sincera porque ocurre acompañada de un juicio honesto, un dolor honesto y un odio honesto. Los que perdonan realmente no pretenden negar el sufrimiento, así como tampoco la importancia del daño de la acción. Los ojos mágicos son ojos abiertos.

¿Cómo puedes identificar el momento en el que esto sucede?

Si el primer paso de la curación es la liberación, y si ésta modifica tu percepción de la persona que hizo el daño, ¿existe una señal temprana que indique que tu curación ha empezado? ¿Existe un síntoma detectable del inicio de este proceso del perdón?

Sabrás que el perdón ha empezado *cuando recuerdes a aquellos que te han lastimado y sientas el poder de desearles el bien.*

El perdón es el antídoto amoroso contra el odio, empezando por el odio pasivo, es decir, la falta de energía para desearle a alguien el bien. Así es que cuando sentimos el más mínimo impulso de desearle a esas personas que les vaya bien en la vida, hemos empezado a perdonar; hemos empezado a liberarnos de la enfermedad producida por la mala acción de aquellos que nos la hicieron.

El síntoma de la etapa de curación del perdón se me aclaró cuando tuve una conversación con mi amiga Myra Broger sobre el perdón a su ex marido.

Myra es una bella mujer, una actriz que casi muere atropellada por un conductor hace unos años. El accidente la dejó paralítica, pero aún hermosa y llena de luz. Su esposo, una estrella de cine y televisión, permaneció a su lado sólo hasta que se recuperó del accidente. Después, fría y rápidamente, la abandonó.

Le pregunté a Myra si había podido perdonarlo y me contestó que eso creía. Pregunté cuáles habían sido las señales. "Al pensar en él le deseo el bien," me dijo. Me abrumé. "Si te enteraras que se ha casado con una estrella joven y sexy, ¿podrías pedir en tus plegarias que fuera feliz con ella?" Creí que se irritaría por mi insistencia carente de sensibilidad. Pero me respondió con naturalidad: "Sí, podría y lo haría. Steve necesita mucho del amor, y yo quiero que lo tenga."

Me sentí escéptico. Todo sonaba tan sencillo y dulce. Pero con el tiempo me convencí de que su perdón era genuino y que ella vivía dentro del flujo libre de una memoria curada. ¡Ella realmente deseaba su bien!

No cabe duda que se trata de un principio modesto. Todavía no de una zambullida olímpica dentro de una nueva relación. No sé si sus ojos mágicos han cambiado la vida de su ex esposo, pero ciertamente cambiaron la vida de Myra. El odio se ha ido; y cuando la mezcla del odio desaparece, el muro eventualmente se derrumba.

El acto de perdonar, en esta etapa, no ha alcanzado su punto climático. Todavía no es el abrazo de dos personas simultáneamente liberadas del grillete de un pasado doloroso.

Muchos pensadores no conciben la curación de la memoria —de clímax breve— como el perdón. Tomemos como ejemplo al teólogo americano Paul Tillich, quien dice que "el perdón genuino es participación, reunión que vence el poder del alejamiento". Tillich opina que el perdón no se cumple sino hasta que la gente se reúne en una relación renovada —cercana, íntima, en la que hay aceptación mutua—. Cuando se completa el perdón, alcanzado en la reunión de dos personas, se logra el auténtico objetivo.

Personalmente, pienso que Tillich se equivocaba; creo que podemos acercarnos a la realidad aunque no la aprehendamos completamente. Podemos tener una gran experiencia al escalar una montaña a pesar de no alcanzar su pico.

El sexo puede ser bueno —si no es todo lo que queremos— aunque el orgasmo se nos escape; el perdón puede ser real aunque la persona a la que perdonamos esté fuera de nuestro alcance. No necesitamos negarnos la posibilidad de curación de un perdón incompleto; podemos perdonar y liberarnos en nuestra propia memoria.

Pero el perdón crea un momento que puede llevar a la persona curada hacia aquella que la dañó.

Continuemos hacia la siguiente etapa, al nuevo principio, al lugar en el que dos que han sido separados pueden volver a unirse.

CAPÍTULO 4

Nos reunimos

Siempre me ha gustado la manera en la que el teólogo escocés H.R. MacIntosh habla sobre el perdón. El perdón, decía, "es un proceso activo de la mente y del temperamento de alguien lastimado, a través del cual anula un daño moral para hermanarse con el que lo ha lastimado y restablecer la libertad y alegría de la amistad".

"Anular el daño moral para hermanarse" es la clave para completar el perdón.

Hay que recordar que lo que la gente hace es lo que crea el "obstáculo" para el verdadero acercamiento, tanto espiritual como físico. Cuando la gente nos lastima injusta y profundamente, el daño que comete se interpone entre nosotros. Nos hacen sentir perjudicados de una manera que no es fácil de sacudir. Y sabemos en nuestro corazón que las cosas nunca volverán a estar bien entre nosotros si ignoramos el *daño* que nos separó.

Si negamos el "obstáculo moral" como si realmente no tuviera importancia, estamos dando el primer paso hacia una vida narcotizada en la que a nadie le importa nada.

No se trata de ser hipersensibles; no nos estamos sobrecargando de intolerancia y resentimiento. Simplemente, establecemos el respeto por lo que somos y por lo correcto entre dos personas si ambas desean vivir el amor con honestidad.

Únicamente los ojos mágicos pueden derribar el "obstáculo moral" en el corazón y la mente del que perdona.

Supongamos ahora que los ojos mágicos han logrado la cura en tu mente y corazón. Has vaciado el odio y puesto fin al deseo de desquitarte. Ya no necesitas sentir la satisfacción amarga de la venganza.

Pero, ¿qué se necesita para *"restablecer la libertad y alegría de la amistad"*?

Ambas partes —víctimas y verdugos— deben desear una reconciliación honesta. Los ojos mágicos, por sí solos, no pueden realizar esto.

Extiendes tu mano a aquel que te ha lastimado y pronuncias: "Regresa a mí, quiero ser tu amigo nuevamente."

Pero cuando tomas esa mano y cruzas la pared invisible que su mal y tu odio construyeron, es necesario que el que hizo el daño lleve consigo algo como el precio del boleto para este segundo viaje juntos.

Si no pueden o no quieren pagar su cuota, tendrás que prepararte para la curación en soledad, la liberación privada, al conseguir la propia paz interna.

¿Qué es lo que cada quien debe traer consigo?

Debe traer sinceridad. Sin ésta la reunión es hipócrita, el reencuentro es falso. Con sinceridad se puede emprender un inicio nuevo y honesto.

Pero, ¿qué es la sinceridad?

La sinceridad es un estado mental; tiene que ver con tus intenciones verdaderas. Se debe desear que las palabras tengan correspondencia con las intenciones. Lo que se dice debe vibrar con lo que se siente en el corazón. Armonía entre el mensaje que se da al mundo exterior y los sentimientos que se mantienen en el interior.

Pero hay algo más con respecto a la sinceridad, sólo una cosa más. Debes, al menos, intentar acercar tanto tu corazón como tus palabras a la realidad.

Esta es la sinceridad que aquellos a los que has perdonado deben traer como pase de entrada a tu vida.

Para ser específico, debes esperar que aquellos que te han lastimado estén honestamente en contacto con la realidad de tu caída, tu dolor y su responsabilidad por ello.

Debe haber una comprensión de la realidad en la que se produjo el daño

Las personas que produjeron el daño deben *saber* que el dolor que se sufrió fue injusto. No merecías sentir la herida; sin importar lo que se pretendía con ello, el sufrimiento fue innecesario.

También necesitan saber que el dolor provocado se hizo *profundo;* lo suficientemente como para sentir que las cosas no podían seguir normalmente a menos de que algo lo eliminara. Pueden sorprenderse de que su pequeña lanza haya alcanzado a cortar tu corazón. No importa. La gente siempre se sorprende sobre la manera en que sus "pequeñas" faltas pueden lastimar a otros. El hecho es que tú lo sentiste tan profundo como para no permitir que la persona que lo produjo se acercara a ti y compartiera lo que quedó de tu corazón de la misma manera en la que antes lo hacía. Y deben, con su mente, sentimientos y palabras, proyectar la verdad de tu herida.

No debes pretender que estén de acuerdo contigo en todos los detalles. Ni siquiera dos personas en la historia de las desavenencias han mirado su experiencia dolorosa con los mismos colores y en las mismas secuencias, porque ninguna persona ha experimentado el mismo dolor precisamente de la misma manera que otra. Así es que si quieres un recuerdo exacto, golpe por golpe, insulto por insulto, herida por herida, nunca obtendrás lo que necesitas.

Pero debe haber sinceridad alrededor de lo que produjo el triste distanciamiento. Y tú necesitas creer que hay sinceridad antes de permitir el reingreso de esa persona en tu vida.

Deben ser sinceros ante lo que has sentido

Para ser sinceros ante tus sentimientos, deben sentir la herida que tú sientes. Lo que saben en el intelecto debe filtrarse al fondo de su corazón. No es suficiente con que admitan que te han lastimado; deben sentir el mismo dolor con el que te lastimaron. Sus sentimientos deben ser uno con los tuyos.

¿Cómo pueden llegar a sentir tu dolor? Pueden hacerlo conforme el dolor hace eco profundo dentro de ellos. Tú sentiste su deslealtad como una herida injusta que te provocó tanto odio como para convertirlos en extraños. Ahora ellos deben sentir que su verdadero ser es ajeno a la persona que fueron cuando te lastimaron; deben lograr odiarse por lo que hicieron.

Tu dolor y su dolor crean el punto y contrapunto para el ritmo de la reconciliación. Cuando el golpe de su dolor es una respuesta al golpe del tuyo, sus sentimientos han alcanzado la sinceridad, al moverse al compás de los tuyos. Han avanzado un paso para conseguir una reunión sincera.

Deben ser sinceros al escucharte

No pueden ser sinceros únicamente a través de las palabras. La sinceridad de un soliloquio nunca es suficiente para reunir a dos personas. Así, en su acercamiento, la honestidad debe nacer de la capacidad para escuchar. El precio para entrar a tu vida es un oído abierto; una boca abierta sólo los deja entrar a medias.

Deben prestar atención cuando *escuchan* tus reclamos, quejas y lamentos. Al principio, tu mensaje se filtrará a través de la pantalla de sus propios deseos y miedos. Querrán reconfigurar cada sílaba con el fin de perfilar el mensaje que quisieran escuchar de ti. Así es que debes asegurarte de que el tiempo de su atención sea el suficiente.

Y también debes escuchar su respuesta, para convencerte de que realmente te brindaron atención. Debes atraerlos hacia una respuesta, varias veces, seducirlos con repeticiones hasta que puedas asegurarte de que escucharon tus necesidades conforme las fuiste revelando. Esta es la única manera en la que puedes confirmar que están siendo sinceros.

Debe haber sinceridad en torno a un futuro compartido

Para dos personas que se reúnen después de un distanciamiento, la veracidad requiere el deseo de hacer y respetar una promesa. Aquellos que te lastimaron deben regresar a ti con la promesa de que no volverán a hacerlo; y tú necesitas creer que su intención es respetarla.

La promesa es la de estar junto a ti en lo futuro, cuando lo necesites, en armonía con el tipo de relación que desean mantener juntos.

No debes exigir más, pero tampoco menos. No te pueden ofrecer una garantía; no puedes confiar en ellos de la misma manera en la que confiarías en una computadora o en un perro bien entrenado. Se trata de seres humanos ordinarios y falibles; no son Dios. En toda apuesta, hay un riesgo. Pero si son sinceros, su *intención* es respetar la promesa. Y sus intenciones honestas inclinan toda posibilidad a su favor.

No tienes que esperar su sinceridad completa antes de *empezar* a perdonarlos. El acto de perdonar que se realiza para sanar las heridas en la memoria, no tiene vínculos; se trata de una acción libre, hecha para tu propio beneficio dentro de las células más profundas del alma. La solicitud de sinceridad es para el *efecto* y la *realización* de tu perdón: la reunión de dos personas que alguna vez se pertenecieron y cuyos espíritus fueron separados.

Hemos estado hablando de los requisitos para lograr la reconciliación. Ahora podemos desviar nuestra atención y hablar sobre los *límites realistas* de estas reuniones.

El acercamiento se da dentro de las rigurosas fronteras de nuestro tiempo y nuestras circunstancias.

El tiempo dibuja todas nuestras reuniones con una maestría que ni siquiera el milagro del libre perdón puede eliminar. No podemos regresar el calendario a un día de mayor felicidad. El tiempo no nos permite reunirnos como si nada hubiera pasado en el lapso entre el distanciamiento y el perdón. Hay cambios personales, y adquirimos nuevos roles; no podemos simplemente abandonar nuestro nuevo lugar en la vida, en el momento en el que un amigo es perdonado y retorna a nuestras vidas.

Si has perdonado a una persona y quieres que regrese a tu vida, debes ser lo suficientemente realista como para preguntar lo siguiente: ¿Qué le ha pasado a cada uno de nosotros entre el distanciamiento y el perdón?

A veces, yo sé, el tiempo ha sido misericordiosamente breve y los roles han permanecido igual. Una mujer perdona a su esposo por su desatinada infidelidad. Él desea con toda su alma regresar a ella, ha languidecido en la soledad de sus insatisfechas necesidades de amor verdadero. Ella abre los brazos. Es probable que él navegue hasta ella impulsado por el viento frenético de un eros acumulado. Su acercamiento puede ser un *crescendo* sexual, lo suficientemente exaltado como para que ambos se sientan agradecidos por esa separación que encendió nuevamente su apasionado y mutuo anhelo.

Pero no siempre es éste el caso. Quizás ella haya perdonado a su esposo cien veces por hacerla a un lado en presencia de mujeres jóvenes y hermosas. Ella lo perdona y lo invita nuevamente, no a una experiencia voluptuosa en la cama, sino a algo que no es más seductor que: "Bueno, de una vez salgamos del paso." Pero, efectivamente, salen del paso y sus vidas se vinculan con el hilo invisible de la lealtad, lo suficientemente fuerte como para un nuevo comienzo. No un abrazo arrebatador; pero mejor, sin duda, cuando todo está dicho y hecho, a permanecer como dos extraños separados por el odio.

Algunas veces, dependiendo de la forma en la que las cosas han sucedido desde el distanciamiento, lo único que queda es conformarse con una especie de reconciliación muy limitada. El esposo de una amiga la lastimó tan fuertemente que ella no encontró la manera de permanecer a su lado. Vivieron un divorcio lleno de resentimiento, y después ella lo odió profundamente por haberla abandonado en el frío mientras él se acurrucaba en el amor cálido de una mujer veinte años más joven. Pero eso fue hace cuatro años y, desde entonces, lo ha perdonado; lo liberó al dejar ir su odio y al ser capaz de verlo como la persona necesitada que en realidad era. Así es que lo invitó nuevamente a su vida. Pero él no pudo acercarse.

Él se casó hace tres años con la mujer que amaba mientras todavía estaba casado con mi amiga. Así que no podrán reunirse otra vez, sólo se tratarán a distancia. Él puede convertirse en un ex esposo amigable, y mi amiga desearle el bien con la mujer por quien lo llegó a odiar tanto. Quizá puedan tener conversaciones telefónicas e intercambiar anécdotas de sus hijos; quizá los niños los reúnan durante una hora en Navidad.

No podemos respirar el aire de nuestra vida pasada; perdonamos y nos reunimos bajo las condiciones que el tiempo y las circunstancias disponen.

Conozco a una mujer maravillosa que está luchando por perdonar a su padre e intenta una reconciliación. Su padre es un predicador radical que establece el bien y el mal en cada rincón y grieta de la vida de los demás. Proclama el juicio de un Dios vengativo por cada transgresión a cualquiera de sus reglas; sus caminos son estrechos. Sin embargo, abusó sexualmente de mi amiga cuando era una niña pequeña y la convenció de que un padre que vive cerca de Dios no puede hacer ningún mal. Ella abandonó el hogar cuando tenía diecisiete años, para alejarse, y juró jamás volver a estar cerca de él.

Ahora, después de quince años de distanciamiento, ella ha podido liberarse de su odio y quiere estar cerca de su padre nuevamente. Pero sabe que no puede permitir la entrada como una pequeña que le da la bienvenida a su padre. No podrá ser una niña para él jamás.

Los roles se invierten; ella, quizá, tenga que cuidarlo y permitir que él se convierta en un niño ante sus ojos. De cualquier modo, ella no puede cumplir su deseo más profundo —acurrucarse en su regazo, descansar en sus brazos fuertes, encontrar el cuidado amoroso que alguna vez él traicionó al deformar el amor en cruel abuso—. Si esta reunión se hace posible, ella está consciente de que el hecho no podrá devolverle su infancia perdida.

A continuación contaré una breve y triste historia que se escucha cada vez más en estos tiempos. Jack y Jan eran más que buenos amigos, pero Jack se casó mientras que Jan no lo hizo. La parte sexual de su amistad eventualmente destruyó el resto de su amistad. Jack le hizo promesas que no pudo respetar y después cortó el vínculo rápida, cruda, cruelmente, lo cual dejó a Jan muy vacía. Ella llenó el vacío con odio. Terriblemente lastimada, durante años acumuló odio hacia Jack por haberla utilizado. Después, gradualmente y ante su propia sorpresa, lo perdonó. Fue curada.

Pero ella no podía regresar el tiempo tres años, a los días de su verdadero amor con Jack. Su reunión, de naturaleza honesta, ahora debe de ser a larga distancia a través de cartas, una tarjeta de Navidad, una conversación en un teléfono público; preocupación por el bienestar del otro, nada más: reunión en las fronteras de la realidad.

Practicamos un amor restringido por las fronteras del tiempo y del espacio. Sanamos las heridas de nuestro pasado doloroso, pero la curación se ve limitada por las cosas que nos han sucedido durante el tiempo que siguió a nuestra separación. Tenemos nuevos comienzos, no en donde solíamos o desearíamos estar, sino únicamente en donde estamos y con lo que tenemos a la mano.

Aceptar los límites es la única verdad que nos queda. Agua en lugar de vino. Los nuevos inicios deben concordar con el foro de nuestras propias circunstancias. El único día que tenemos para perdonar es *éste:* el día que tenemos a la mano; con las opciones que tenemos en este día particular debemos hacer nuestro inicio en la aventura de la reconciliación.

También recomenzamos en la semioscuridad parcial del entendimiento y la comprensión. Quizá nunca podamos entender el porqué de la herida. Pero el perdón no *necesita* del entendimiento; éste puede llegar más tarde, fragmentado: una percepción aquí, otra allá, *después* de haber perdonado. Pero pedimos demasiado si queremos entender todo desde un principio.

El misterio debe empezar de nuevo. Él es un misterio para ti, y tú quieres ser un misterio para él. Hay mucho más de lo que sus ojos pueden alcanzar, y él debe saberlo. Para que así puedan compartir los demonios privados y los ángeles secretos, pero también para dejar espacio y poder adivinarse el uno al otro. Siempre y cuando estén listos para caminar sin querer desentrañar el misterio desde un principio, los secretos compartidos pueden descubrirse durante el viaje.

CAPÍTULO 5

Algunas cosas buenas que no constituyen el perdón

Cuando perdonamos a la persona que nos ha herido profunda e injustamente, realizamos un milagro que no tiene parangón. Nada lo puede igualar. El perdón tiene su propio sentimiento, su propio color y su propia escala, diferentes de cualquier otro acto creativo en el repertorio de las relaciones humanas.

El perdón adquiere su belleza única a partir de la curación del más triste de los dolores. Necesitamos llevarlo a cabo porque vivimos en un mundo en el que el amor humano puede ser fracturado por un sufrimiento injusto. Tiene algo en común con la belleza de la cirugía estética. Pero precisamente por esta razón —como la curación de heridas abiertas de nuestro pasado doloroso— no debemos dejarlo caer en la mezcla sentimental de otras cosas buenas que la gente puede hacer por el otro en situaciones desagradables. Necesitamos desarrollar un gusto fino para poder desarrollar la calidad distintiva del arte del perdón.

Así es que avancemos y pongamos a prueba nuestros sentidos para percibir esta sutil diferencia entre el milagro del perdón y otros actos que necesitamos realizar para mantener la armonía en nuestro mundo injusto.

EL PERDÓN NO ES OLVIDO

Cuando perdonamos a alguien, no olvidamos el acto hiriente, como si el olvido viniera incluido en el paquete del perdón a la manera en la que las cuerdas vienen con el violín.

Empecemos con lo básico. Si olvidamos, el perdón no tiene razón de existir. Nunca se puede perdonar a alguien por sucesos olvidados. La necesidad de perdonar se desprende, precisamente, de la imposibilidad de olvidar la herida que alguien nos produjo; la memoria mantiene el dolor vivo mucho tiempo después de que la herida real ha desaparecido. El recuerdo es el almacén del dolor. Ese es el principal *motivo* por el cual necesitamos curación.

Olvidar, de hecho, puede convertirse en una manera peligrosa de evadir la cirugía interna de corazón a la que llamamos perdón. Existen dos tipos de dolor que podemos olvidar. Olvidamos las heridas demasiado triviales como para prestarles atención, así como las demasiado fuertes como para que nuestra memoria pueda manejarlas.

No recordamos cada herida trivial. Gracias a Dios, no cargamos *todos* los golpes que hemos sentido a lo largo del camino con otras personas; si no se hace profunda, dejamos que la herida sane por sí misma y la olvidamos. Un amigo acudió a mí no hace mucho para pedirme que lo perdonara por algo que yo no podía recordar, a pesar de sus esfuerzos por agitar mi memoria. Me dijo que necesitaba ser perdonado. Lo convencí de que me preocupaba su necesidad y de que sería su amigo como si jamás me hubiera dicho nada, pero también le dije que me era imposible perdonarlo. Si él hubiera hecho renacer un viejo dolor al hacerme recordar, lo habría perdonado. Pero en esta situación, en realidad no podía perdonarlo; sólo podía amarlo y, de esta manera, resanar la grieta que él sentía entre nosotros sin que yo lo perdonara.

Los dolores que no nos *atrevemos* a recordar son, de todos, los más peligrosos. Nos asusta enfrentar algo terrible que alguna vez nos lastimó; los almacenamos en los hoyos negros de nuestra inconciencia, desde donde creemos que no nos hacen daño. Pero el hecho es que el dolor reaparece disfrazado; es como un demonio de rostro angelical. Se mantiene en silencio por un tiempo solamente, para golpearnos a escondidas más tarde.

El perdón puede ser una ruleta rusa, es el mismo tipo de juego al que llega una mujer cuando "olvida" la pequeña protuberancia que sintió en su seno un mes antes.

Suficiente, entonces, para encender una señal de alerta: nunca confundir el olvido con el perdón.

Una vez que *hemos* perdonado, se nos concede una nueva libertad para perdonar. En este momento, el olvido es una señal de salud y no un truco para evitar la cirugía espiritual. *Podemos* olvidar *porque* hemos sido curados.

Pero aunque sea más *sencillo* olvidar que perdonar, no debemos hacer del olvido una *prueba* de nuestro perdón. La prueba del perdón radica en la curación de un dolor arrastrado del pasado, no en la negación de éste.

Es verdad que la *Biblia* dice que Dios ha prometido perdonarnos *y* olvidar. Jeremías habla por Dios: "Perdonaré sus pecados, y jamás los recordaré." Pero, ¿olvida de la misma manera en la que nosotros olvidamos en dónde pusimos las llaves? Claro que no. Dios no es amnésico; decir que Dios olvida es decir que *siente* hacia nosotros del *modo* en que sentiría si *hubiera* olvidado.

A nosotros nos pasa algo parecido. ¿Se puede detener la memoria, meter reversa y desviarla hacia otra dirección a la manera en que regresamos una cinta en un aparato de sonido? Una orden no puede hacernos olvidar. Así es que sólo nos queda dejar que el olvido suceda naturalmente; no debemos precipitarlo ni desconfiar de la autenticidad de nuestro olvido si, de repente, recordamos.

Lo verdaderamente importante es que tenemos el poder de perdonar lo que todavía recordamos.

Hablaré más tarde sobre el olvido y sobre un modo curativo de recordar las cosas malas. Por ahora basta decir que el perdón y el olvido no son lo mismo.

DISCULPAR NO ES PERDONAR

La disculpa es justamente lo opuesto al perdón. Disculpamos a la gente cuando entendemos que no han sido culpables. Quizás el diablo los empujó a hacerlo. Tal vez se encontraban bajo circunstancias extenuantes. No eran culpables. Así es que, ¿por qué habría que perdonarlos? Perdonamos a la gente por aquello que la culpamos.

Disculpamos porque somos capaces de entender el porqué de su inevitable acción. Un proverbio francés dice: "Comprenderlo todo es perdonarlo todo." Pero esto no es totalmente correcto. Sólo *disculpamos* todo si comprendemos todo.

Disculpar a alguien no implica mayor gracia. Una disculpa requiere sólo de un pequeño discernimiento.

Todos necesitamos disculpas. Somos lo que somos, en parte, por lo que otras personas han hecho de nosotros —nuestros padres, nuestros maestros, nuestros ancestros.

Cuando nacimos, se nos dio un manojo de cartas con las cuales hemos tenido que jugar. Algunas de esas cartas son poderosas; una bendición. Pero, dentro de la mano, también hay algunos comodines. Ciertamente no necesitamos ser perdonados por las cartas débiles que se encuentran dentro de nuestra mano, cartas que no pedimos y nunca quisimos. Sólo podemos ser culpados —y perdonados— por la manera como jugamos con lo que nos fue dado.

Pensemos en las razones que podrían convencer a alguien de que no somos culpables por nuestros actos.

Genética. Una X se metió en el lugar de una Y en los bloques cromosómicos; tu estructura genética es débil. La culpa reside en tu ADN. No necesitas perdón, sino ser reconstruido.

Condición psicológica. Tu crianza fue algo fuera de lo normal; tu padre era agresivo-pasivo y tu madre, maniacodepresiva. Ambos hicieron de ti lo que actualmente eres. No necesitas perdón, lo que necesitas es terapia.

Cultura. Tu cultura hizo de ti lo que eres. Fuiste condicionado a hacer lo que en tu cultura da placer y a evitar lo que causa dolor. No necesitamos perdonarte de nada; si queremos ayudar, podemos cambiar la cultura que te formó.

Como puedes observar, no se necesita indulgencia. Todo lo que se requiere es un poco de comprensión sobre cómo funcionan los seres humanos.

Pero cuando finalmente decimos: "No hay explicación para lo que hizo", hemos, en ese momento, admitido el misterio de su libre albedrío y llegado al punto donde yace la crisis del perdón.

A veces, sinceramente, la diferencia es un asunto de matices delicados. Frank Kooster y Leo Sedman se desprenden de mi niñez para mostrarme lo sutil que puede llegar a ser la diferencia entre disculpar y perdonar.

Primero, Frank. Durante un verano, en Michigan, estaba recogiendo cerezas subido en una de esas raquíticas escaleras lo suficientemente altas como para alcanzar las ramas superiores de un cerezo. Unos cuantos árboles a la distancia, podía escuchar a Frank Kooster decir cosas terribles sobre mí a un extraño. No podía verme, pero yo escuchaba todo. Sentí una verdadera agonía.

Frank se había convertido en un amigo especial. Cada verano, cuando tenía más o menos diez años, mi madre me llevaba a visitar viejas amistades, personas que había conocido en el campo, que vivían en una granja como a treinta kilómetros —un camino de grava— de nuestra casa en Muskegon, Michigan. El estar tres días en esa granja constituía las vacaciones de verano, cada vez más ociosas conforme me acercaba a la edad en la que los niños del campo empezaban a hacer el trabajo de hombres.

Sin embargo, cuando llegó el momento de hacer el trabajo, mi ineptitud fue tan terrible como para que un granjero agradeciera a Dios no haber tenido un hijo como yo. Verdaderamente, reprobé esa materia.

Pero Frank, un auténtico niño granjero, me acogió. Junto a Frank, sentía que pertenecía a ese mundo; nos sentábamos en el amplio asiento de un tractor en el campo durante horas, andábamos el mismo camino para agrupar y ordeñar a las vacas, apilábamos heno fresco. Nuestro vínculo era el del silencio bajo el sol, el de los secretos de la tierra compartida, el del nido de los conejos recién nacidos —que un día casi llegamos a pisar, de no ser por el ojo de Frank que percibía la más mínima variación en las formas de la tierra—, el de los sándwiches de salchicha que almorzábamos a la sombra de un manzano a las diez de la mañana. Sí, nuestro vínculo era real.

Ese día en el huerto, él, con un amigo granjero de su misma edad, también recogía cerezas a unos cuantos árboles de donde yo estaba —oculto a mi vista, pero no a mi oído.

Chismeaba sobre los amigos citadinos de sus padres, es decir, nosotros. Lo escuché todo. Pete y Wes, mis hermanos, eran buenos chicos, pero Lewis no servía para nada. "No sabría protegerse de una lluvia torrencial. No sirve para nada."

¿Se trataba de mí? Sí, Frank hablaba mal de mí. La única persona que deseaba que me quisiera le estaba diciendo a un extraño que yo era un fracaso, un fiasco, un inepto, un pedazo de creación desperdiciada. Me sentí apuñalado.

Sin embargo, al recordar ese momento, me encuentro disculpando a Frank por hacerme sentir un inútil. Él sólo medía la percepción de la realidad, a través de los únicos lentes disponibles para él —los de un granjero—. A él no le interesaba la posibilidad de que yo sobreviviera como agente de viajes, cantante de jazz o, quizá, predicador. Me juzgaba como un granjero, del mismo modo en que un especialista en beisbol mide el potencial de un jugador. ¿Qué importa si el hombre es un genio matemático si no puede golpear bien la pelota?

De este modo, Frank queda disculpado; mis ojos lo encuentran casi sin culpa.

En cambio, el caso de Leo Sedman es diferente, pues él sí necesita ser perdonado. Leo era el coach del equipo de futbol, los Big Reds, de la preparatoria Muskegon, cuando yo era un chiquillo delgado que trataba de atravesar el curso de obstáculos al que presuntuosamente llamaban educación física.

¿A quién le importaba que un niño sintiera vergüenza de enseñar su raquítica desnudez en los vestidores? Yo odiaba mi cuerpo. Odiaba las huesudas protuberancias que otros chicos ocultaban bajo una suave redondez. Más que cualquier otra cosa, odiaba los huesos de mi cadera: las salientes puntiagudas que resaltaban como espadas salidas de sus fundas debajo de mi piel.

El momento de la dolorosa verdad llegaba al final de cada clase de gimnasia, cuando el telón se levantaba para mostrar mi huesudo paisaje. ¡La hora del baño! Dos veces a la semana, mis huesos eran expuestos en el foro de los vestidores. Cada chico en la clase los observaba y —mi corazón lo sabía— se reía internamente con algo de gratitud por no tener un cuerpo como el mío.

Así es que yo intentaba disimular. Me desvestía, abría la puerta del *locker* y me ponía una toalla alrededor de la cintura. Arrastraba los pies cautelosamente hasta las regaderas, permanecía afuera por uno o dos minutos, silbando, los ojos puestos en la puerta del vestidor —anticipando la posible entrada del coach— y la toalla, casualmente, alrededor de la cintura. Después, regresaba a mi *locker* sin haberme bañado y me ponía la ropa sobre el cuerpo sudado.

Pasé inadvertido hasta que un día, el gran Leo me descubrió; caminó hasta mi *locker*: el coach principal de los Big Reds parado a mi lado. Leo era realmente grande; los huesos de su cadera cubiertos bajo tres capas de la más bella grasa que un palillo pudiera desear. Debía pesar alrededor de 150 kilos. Y ahí estaba, mirándome duramente, con los labios apretados. Gritó que me había estado observando. Que era mejor que yo, mozalbete, le creyera porque no me iba a salir con la mía. Me enseñaría a no hacer trampa en la regadera. Fuera la ropa y a la regadera, mientras todos los demás presenciaban el espectáculo boquiabiertos.

Un grupo de muchachos se acercó, con el morbo de quien busca observar a los accidentados. Todos me miraban, sonriendo maliciosamente, esperando a que sangrara y muriera. Bonito espectáculo.

Leo sabía lo que hacía. Había decidido herir a un chico al que le avergonzaba su cuerpo. El era un universitario —con un entrenamiento especial en el comportamiento humano de muchachos delgados— de 1.80 m de altura. Supongo que podría tratar de explicar su actitud; quizás un hombre gordo necesite afirmar continuamente que la gordura es mejor que la delgadez. Pero yo creo que él sabía lo que estaba haciendo. Y no puedo disculparlo.

Fuiste culpable, Leo Sedman, y te odié. Sí, cómo te odié. Todo lo que puedo hacer por ti es perdonarte.

El perdón es difícil, la disculpa es fácil. Qué error es confundir el perdón con ser suave, débil, cobarde y, ay, tan comprensivo. Antes de perdonar, nos endurecemos para responsabilizar a alguien. Y sólo entonces, bajo un juicio severo, podemos hacer lo que parece imposible: perdonar.

PERDONAR NO SIGNIFICA SUPRIMIR EL CONFLICTO

Algunas personas, al evitar la confrontación, impiden la difícil tarea que implica el perdón. Cuando están a cargo de las cosas, nunca dejan que las personas arreglen el conflicto, lo monopolizan para que no se dé la oportunidad del perdón.

Algunos padres son expertos en asfixiar los problemas. Nos callan, nos tranquilizan y nos aseguran que cualquier cosa que nos esté inquietando no vale la pena convertirla en tormenta. Se interponen entre nosotros y el chico que nos lastimó, siempre protegiendo, siempre bajando las armas de nuestra furia, eternamente pacifistas. Sus palabras nos impiden descargar nuestra ira y, por lo tanto, perdonar. Generalmente dicen: "olvida y perdona", cuando lo que realmente quieren decir es: "No hagas un alboroto, no soporto el ruido."

Los sacerdotes tienden a ser manipuladores compulsivos de conflictos. La iglesia necesita tanta controversia como Arkansas un tornado. Así es que si la esposa de algún miembro de la parroquia tiene algo que ver con el organista, y alguien amenaza con poner la historia al descubierto, hay que suprimir, asfixiar, hasta poder ocultar la suciedad debajo de la alfombra de la discreción eclesiástica. Si un diácono es humillado por el presidente de la junta directiva y quiere revelarlo en la siguiente reunión, hay que callarlo, convencerlo de que todo el mundo lo rechazará si inicia un conflicto. No debe haber confrontación.

Hay mucho que decir sobre la manipulación de los conflictos. Dios sabe que muchos de nosotros no somos hábiles en esto. Mi humilde mensaje es que no se debe confundir la técnica de supresión con el arte elevado que implica perdonar a aquellos que realizan una transgresión contra nosotros. Aquietar aguas turbulentas no es lo mismo que rescatar a alguien que se está ahogando, así como suprimir el conflicto no es lo mismo que ayudar a la gente a perdonarse entre sí.

ACEPTAR A LA GENTE NO ES PERDONARLA

Nos aceptamos los unos a los otros *porque somos* tolerantes *a pesar* de las imperfecciones que hacen difícil el trato. La gente llega a nosotros con un cúmulo de cualidades inaceptables; pero de todas maneras aceptamos la amistad. Somos capaces de detectar gente valiosa moviéndose bajo un penacho de rasgos desagradables. Así es que los aceptamos por lo que son, o por lo que pueden llegar a ser para nosotros, a pesar de lo que tengamos que pasar para encontrar su naturaleza.

El sentimiento de aceptación puede parecerse al del perdón, pero no son lo mismo.

La diferencia entre aceptar y perdonar es muy sencilla. Aceptamos a la gente *por lo buena que es para nosotros.* Perdonamos a la gente por las *acciones negativas que ejercieron sobre nosotros.* Aceptamos a la gente por lo buena que es, la perdonamos por el mal que *hizo.*

Ayudará a esclarecer la diferencia si observamos estas tres formas que tenemos para aceptar a la gente. La primera es la aceptación *social;* la segunda, la *profesional;* y la tercera, y la más difícil, la aceptación *personal.*

Aceptamos *socialmente* a la gente cuando la incluimos dentro de nuestra comunidad. Algunas de sus costumbres pueden ser extrañas y hasta desagradables para nosotros. Su estilo de vida puede atragantársenos. Podemos no estar de acuerdo con sus maneras. Pero las aceptamos, no necesariamente como personas a las que queremos como amigos, pero sí a las que consideramos que merecen un lugar de respeto dentro de nuestro grupo.

Las aceptamos socialmente porque están socialmente capacitadas. No tenemos por qué perdonarlas de nada;

no nos han herido injustamente. Simplemente las aceptamos dentro de nuestro grupo, a pesar de que tengan rasgos que personalmente nos disgusten.

Aceptamos *profesionalmente* a la gente porque necesitamos hacerlo, para ayudarla. Las únicas personas que aceptan en un 95% a los demás son nuestros amistosos terapeutas. Podemos tirar nuestra basura encima de ellos sin tenernos que preocupar por su rechazo. "Mmm, te gustaría dispararle a tu suegra en la cabeza. Interesante. ¿Deseas acostarte con tu cuñada? Sí, claro, entiendo. No, no creo que este deseo sea algo terrible. ¿Tú lo crees?"

Nuestros consejeros de criterio amplio ignoran todas nuestras bajezas, sobrevuelan nuestras inclinaciones extrañas y nos tratan con una disposición incondicional. Nos hacen sentir aceptados, no juzgados sino seguros.

Pero esto *no es* perdonar. La razón: no los *hemos* herido. Necesitarían perdonarnos si intentáramos seducir a su esposa, o si, Dios no lo quiera, nos rehusáramos a pagar la consulta. Pero en su relación profesional con nosotros, nos aceptan a pesar de nuestra neurosis, y no confunden la aceptación con el perdón. Hasta aquí sobre la aceptación por motivos profesionales.

Aceptamos a la gente *personalmente* como nuestros amigos o amantes debido a que valen mucho ante nuestros ojos, a pesar de tener muchos detalles de los que podríamos prescindir.

Una esposa acepta a su esposo a pesar de su terrible necesidad de contar chistes en público una vez que ha bebido. Y él tiene que aceptar la compulsión de ella de vigilarlo como mamá gallina cuando bebe, come o se rasca la nariz.

Ningún matrimonio podría durar, ninguna amistad sobrevivir, ninguna familia permanecer, si no pudiéramos ver el valor que subyace debajo de nuestras excentricidades. Aceptamos a la gente a la que amamos, en parte porque estamos comprometidos con ella, pero también porque, se hace un equilibrio al tolerar sus hábitos peculiares a cambio de las cosas buenas que traen a nuestra vida.

Cuando perdonamos a una persona, lo que hacemos es ignorar sus imperfecciones en aras de rescatar la belleza que hay detrás. Una mujer que perdona a su amante por haber traicionado su secreto sabe que, al hacerlo, está actuando de manera muy distinta de cuando lo acepta a pesar de su mal aliento.

Hay una palabra adecuada para el momento maravilloso cuando liberamos a una persona que provocó un dolor profundo en nuestras vidas. La palabra para este momento no es aceptación, sino perdón.

EL PERDÓN NO ES TOLERANCIA

Perdóname y serás curado. Tolera todo lo que hago y te meterás en un gran problema.

Podemos perdonar a alguien casi de cualquier cosa que haya hecho. Pero no podemos tolerarlo todo.

Siempre que la gente intenta vivir o trabajar junta, debe haber límites sobre las cosas que están dispuestas a tolerar. El grupo que tolera todo, al final termina matándose.

Uno de estos casos es mi amigo Joe, un italiano regordete y medio calvo que vendía pan de bajo precio en una tienda de un vecindario agitado y pobre. Solíamos comprarle a Joe pan a la mitad del precio oficial. Los niños recorrían dos kilómetros para comprarle pan dulce con una alta probabilidad de obtener una dona como pilón. Joe convirtió el pan de segunda en un símbolo para un vecindario pobre.

Una tarde, ya cerca de la hora de cerrar, tres chicos del vecindario entraron a la tienda de Joe, sacaron una pistola y vaciaron su caja registradora, y después, sin ninguna razón, uno de ellos llamado Sam, le disparó a Joe en el estómago. Casi muere.

Mientras Joe estaba en el hospital, los padres del chico que le disparó fueron a verlo. Eran personas decentes y cordiales, pobres como la mayoría en el vecindario, y, en ese momento, la imagen misma de la vergüenza. Una noche llevaron a Sam; nadie creyó que lo convencerían de ir.

Joe perdonó a Sam. Decidió que iba a verlo como a un ser humano débil que necesitaba una oportunidad, en lugar de considerarlo como un chico echado a perder que le había disparado. De hecho, habló con los padres de Sam sobre la posibilidad de que el chico pudiera ganar algo de dinero limpiando la tienda.

Pero esto no significaba que Joe aceptaba la acción de Sam. Así como tampoco el vecindario había asimilado el hecho.

Así es que cuando a Sam se le juzgó, Joe no tuvo más remedio que ser un triste, pero convincente, testigo.

Sam pasó un año en un centro de detención juvenil.

Ahora veamos el caso del pastor Gambit, un hombre con enorme apetito de adoración humana, especialmente femenina —de preferencia cercana y, de ser posible, en posición horizontal—. Cultivaba una destreza para convertir el consejo espiritual en empresas eróticas, y antes de que pasara mucho tiempo tuvo a más de una adoratriz cantando exaltadas glorias como respuesta a sus servicios secretos. De hecho, fueron tantas las seguidoras, que no pudo mantenerlas calladas. El resultado: Gambit se convirtió en el centro de un escándalo.

Fue acusado de malversación ministerial en la corte de la iglesia.

Algunos de los colegas de Gambit (que se sintieron amenazados) hicieron una petición de perdón a la corte, al estilo de Jesús, que una vez le dijo a una mujer culpable de un pecado parecido: "Yo tampoco te juzgo, vete y no peques más."

Pero el misericordioso clero estaba confundiendo el perdón con la tolerancia. Gambit necesitaba del perdón de alguien. Pero la labor de la corte no era decidir si Gambit podía ser perdonado, sino si la iglesia podía tolerar lo que Gambit había hecho.

Veamos ahora una situación distinta, una en la que nadie ofende moralmente, pero en la que un mal juicio amenaza la eficacia de un procedimiento.

El doctor Harry Den Best pertenece a un prestigioso equipo de cirujanos en el Atlantic Medical Center, en donde es el cirujano principal en el área de cardiología y en donde los cirujanos más brillantes y jóvenes de la costa oriental empiezan a ejercer su brillante carrera. Pero los límites de tolerancia en la sala de operaciones de Den Best son tan estrechos, que pocos estudiantes sobreviven su residencia en Atlantic sin enfrentar un caso de terror.

Algunos errores son tolerables, una sola vez. Cualquiera que se adentre por primera vez en una técnica difícil puede actuar con torpeza. E incluso una segunda vez acompañada de una buena excusa. ¿Una tercera vez? Es mejor empezar a pensar en una residencia en otro lugar. Pero hay un error que Den Best no tolera ni siquiera una vez: un interno o cirujano residente no puede iniciar un procedimiento médico en un paciente sin consultarlo antes con él.

El doctor Fred Bush —un residente brillante, pero arrogante— se encontraba en la unidad una noche cuando uno de los pacientes en terapia intensiva de Den Best tuvo una recaída aproximadamente después de doce horas de la operación. Algo había que hacer, pero eran las dos de la mañana y Bush sabía que Den Best debía de estar nuevamente en la sala de operaciones a las cinco. ¿Para qué despertarlo? Así es que Bush llevó al paciente de nuevo a la sala de operaciones, en donde él, por sí solo, resolvió brillantemente el asunto.

Diez minutos después de que Den Best llegó a Atlantic esa mañana, la carrera del doctor Bush, así como el paciente, se vinieron abajo. Lo más que Bush puede esperar actualmente es una residencia en el hospital general de Iowa.

Den Best pudo, personalmente, haber perdonado a Bush, pero no pudo tolerar lo que éste hizo. Bush había ido más allá de lo tolerable, a pesar de estar dentro de las fronteras de lo perdonable.

Cada grupo debe decidir lo que puede y lo que no puede tolerar. Pero lo que necesitamos recordar es que no tenemos que tolerar lo que la gente *hace* por el simple hecho de poder perdonar lo mismo. El perdón nos cura personalmente. Tolerar todo, al final, lastima a todos los involucrados.

Trataré de resumir lo que he expresado a lo largo del capítulo.

No *tienes* que olvidar después de haber perdonado; puedes hacerlo, pero tu perdón es sincero incluso si recuerdas.

Al perdonar a alguien, no lo estás disculpando; puedes perdonar porque lo asumiste y te niegas a disculpar.

No perdonas mediante la supresión de un conflicto; si asfixias las diferencias entre la gente, les arrebatas la oportunidad de perdonar.

No perdonas a alguien por el simple hecho de aceptarlo; perdonas a la gente que te ha *hecho* algo inaceptable.

No tienes que tolerar lo que la gente hace cuando la perdonas por haberlo hecho; puedes perdonar a la gente, pero, aun así, rehusarte a tolerar lo que ha hecho.

Segunda parte

PERDONAR A LA GENTE DIFÍCIL DE PERDONAR

Recientemente una maravillosa mujer me dijo cómo hace mucho tiempo, unos hombres que jamás había visto, y cuyos nombres no había escuchado, le habían hecho algo que cambió su vida para siempre. Su historia me ayudó a ver lo difícil que es perdonar a algunas personas.

Ella era una oscura belleza armenia que con sus ojos negros penetraba los míos como si intentara obtener lo que mis palabras no le estaban dando: la capacidad para liberar su memoria de la peor cosa que cualquier ser humano le puede hacer a otro. ¿Cómo podía darle la llave para liberar un odio que la había poseído durante casi cincuenta años y que brillaba como incienso en el altar de la venganza sagrada?

¿A quién necesitaba perdonar esta espléndida dama? A hombres sin nombre y sin rostro, a una pandilla que invadió su casa una noche en Teherán y asesinó a toda su familia. Ella había crecido en Irán, a principios de siglo, dentro de la clase media alta. Una noche, cinco terroristas turcos con capuchas llegaron a su casa, ataron a su esposo, a sus dos hijos, a su padre y a su madre, los arrastraron fuera de la casa y de la ciudad y los asesinaron a todos. Ella vivió porque, a diferencia de la mayoría de las otras noches, estaba arreglando un asunto en la escuela donde trabajaba como maestra.

"Dígame," suavemente me pedía, "dígame, ¿cómo puedo perdonar a personas sin rostro, sin nombre y sin número, pero lo suficientemente reales como para haber matado a mis hijos?" Sentí una imponente turbulencia que se movía dentro de su gentil confrontación.

Su problema era el anonimato de aquellos que le hicieron daño. ¿Se puede perdonar a figuras invisibles, a aquellos cuyos rostros no podemos ver, pero que nos hacen un daño terrible?

Lo anterior nos da pie para hablar de lo siguiente: la gente a la que es muy difícil perdonar.

Es difícil perdonar a aquellos a los que no podemos ni ver, ni tocar, ni conocer.

También es difícil perdonar a la gente a la que no le interesa el perdón.

Es difícil perdonar a algunos que parecen ser demasiado malos como para merecer el perdón.

Y, quizá, lo más difícil sea perdonarnos a nosotros mismos.

Pero, ¿qué pasa con Dios? Algunos de nosotros nos hemos preguntado, en momentos difíciles, ¿por qué Dios se olvidó de nosotros cuando pudo habernos ayudado? ¿Podemos perdonarlo? ¿Nos atrevemos a preguntárnoslo?

Los invito a explorar conmigo las vidas de algunas de estas personas a las que, a pesar de nuestro deseo, es muy difícil perdonar y olvidar.

CAPÍTULO 6

Perdonar a la figura invisible

Algunas personas invaden nuestra vida entera o durante una hora trágica y nos dejan con recuerdos dolorosos para después desaparecer y jamás volverlos a ver. Son invisibles, personas cuya realidad se encuentra tejida en una tela delgada de un tiempo que ya no es. Para nosotros, no son menos reales que la gente que podemos ver físicamente, personas con caras, nombres y cuerpos que podemos tocar. Sólo son más difíciles de alcanzar con nuestras manos y con nuestro perdón.

Las personas se vuelven invisibles cuando mueren antes de que podamos perdonarlas. O cuando ocultan sus rostros detrás de las máscaras del anonimato. Las personas se vuelven parcialmente invisibles, también, cuando no dejan un claro perfil de sí mismos en las mentes de sus víctimas: personas mentalmente incapacitadas y niños, lastimados por personas cuyos rostros pueden ver sólo borrosamente.

Los invito a caminar lentamente por el campo de los sentimientos más frágiles que pueden vagar por la memoria humana.

EL PADRE QUE HA MUERTO

Conozco a una mujer que odia a su padre por haber destruido su vida con el terrible recuerdo de los perversos juegos sexuales a los que la obligaba a jugar cuando ella era demasiado pequeña como para decirle "no". Él ahora está muerto.

Ella lo odia, pero se odia más a sí misma.

Está convencida de que no se puede liberar del odio que se tiene hasta no perdonar a su padre. Pero, ¿cómo puede hacerlo si él no está aquí para decir "lo siento"?

La mayoría de nuestros padres son gente común con defectos comunes. No necesitan haber sido unos salvajes para hacer del perdón algo difícil. Padres moralmente rectos que no pudieron amar a sus hijos pueden ser tan difíciles de perdonar como los moralmente torcidos que abusaron de ellos. Pero una vez que desaparecen tras el velo de lo invisible, todos son terriblemente difíciles de perdonar.

No importa, entonces, si fuimos azotados por un padre iracundo o colgados a secar por la frialdad de una madre —¿por qué es tan difícil perdonar a los padres que nos sorprendieron con su propia muerte?

Los padres muertos son difíciles de perdonar por la simple razón de su inaccesibilidad. No podemos abrazarlos después de perdonarlos. No podemos acurrucarnos en su regazo y sentir el amor que necesitábamos en otro momento; y no pueden hablar de su arrepentimiento. No pueden hacer ninguna de las cosas que llevan a la reconciliación y que hacen del perdón algo un poco más sencillo.

Los padres muertos son difíciles de perdonar, ya que, también, algo en nosotros se rebela a que ellos, que se han ido, necesiten de nuestro perdón. Queremos recordar a una madre santa y a un padre noble, y perdonarlos significa clasificarlos dentro del común de la gente. No es agradable odiar a alguien —y después perdonarlo— que se sacrificó tanto por nosotros. Especialmente, si ha muerto e ido al cielo.

Aun así, tan difícil como es, muchos de nosotros necesitamos perdonar a nuestros padres muertos por el simple hecho de tener un poco de paz en nuestro interior. Y podemos hacerlo.

Recuerda estos puntos cuando trates de perdonar a un padre muerto.

Ningún padre es perfecto

Ningún padre es un dios, pocas madres son santas y casi ninguno merece convertirse en ídolo. Incluso los "padres ideales", gente amable y bondadosa, tienen rasgos de crueldad. No se vendrán abajo los cimientos de la vida si admitimos que nuestro padre pudo haber sido cruel y nuestra madre habernos abandonado en momentos de necesidad.

Una vez que están muertos, queremos que nuestros padres sean pura luz, sin sombras en ellos; y nos sentimos un poco sucios si permitimos que éstas oscurezcan nuestra memoria. No queremos que *necesiten* nuestro perdón. Perdonarlos implica haber encontrado un defecto primero y, quizá, haberlos odiado por ello. Yo todavía tiemblo cuando pienso en perdonar a mi madre. Ella dio su cuerpo y su alma para alimentarnos y nos condujo por un camino recto donde, finalmente, encontramos un trabajo estable. Podrías ir al infierno, yo pensaba, por odiar a una madre como ella. Sin embargo, tenía un lado oscuro, como cualquier padre lo tiene. Y aprendí que el odio no tiene por qué cancelar el amor, que podía amarla como siempre lo hice e, incluso así, odiar y perdonar una parte de ella.

Si sientes la necesidad de perdonar a un padre muerto, debes enfrentarte al hecho de que él o ella realmente pudieron haberte dañado.

Nuestro dolor es válido

Puedes recordar las heridas de la infancia, y una parte de ti puede odiar al padre a quien consideras responsable; pero no te atreves a *sentir* el dolor y, por lo tanto, no te atreves a *sentir* el odio. No nos atrevemos a profundizar en nuestros sentimientos porque tenemos miedo de que el dolor sea insoportable y el odio demasiado terrible como para admitirlo.

Hay un flujo del sentimiento que puede, si lo sigues, llevarte hasta su propio pozo profundo. Te llevará a lo más profundo si estás dispuesto a hacer a un lado tus defensas.

Si los dejas, tus sentimientos te conducirán a noches terribles de profunda tristeza. Sentirás nuevamente la soledad de tu lucha infantil por ser amado. Sentirás nuevamente el terror de no ser lo suficientemente valioso para recibir el amor de un padre. Te podrás sentir perdido, sin esperanza y sin luz, sentimientos difíciles de admitir incluso frente a tus mejores amigos.

Y te podrán llevar a un espantoso lugar en donde sentirás el calor de tu odio. ¡Incluso odio hacia una madre virtuosa o un padre amado! Podrán conducirte hasta tu propio infierno privado. Pero no tendrás libertad para perdonar a tus padres muertos, a menos de que te permitas *sentir* ese dolor por el que necesitan ser perdonados.

Tus sentimientos pueden ser exagerados; incluso estar distorsionados. No importa. *Son lo que sientes* y, por lo tanto, son válidos. Y, al admitir la validez de tus sentimientos hacia tus padres y al permitirte *sentir* el dolor por el que necesitas perdonarlos, encuentras la libertad de hacerlo.

Nunca se llega a perdonar completamente a un padre muerto

Las cuatro etapas del perdón no quedan concluidas cuando se perdona a un padre muerto. El perdón perfecto termina con la reunión de dos personas distanciadas por el dolor y el odio. Pero cuando la muerte interviene, este final feliz es pospuesto para un tiempo y un espacio más allá de cualquier relación terrena. La satisfacción, por el momento, debe radicar en la curación de la memoria.

Puedes, incluso, no completar tu propia curación; la cura puede necesitar ser repetida varias veces. Perdonar a los padres muertos funciona de manera muy parecida a intentar dejar de fumar; es probable que necesites empezar de nuevo varias veces antes de, finalmente, dejarlo.

La necesidad de perdonarnos al perdonar a nuestros padres muertos

El dolor que nos producen los padres casi siempre nos hace sentir culpables o avergonzados de nosotros mismos; nunca he conocido a alguien que odiara a sus padres sin sentir lo mismo hacia su persona.

La mayoría de las personas que intenta perdonar a sus padres muertos, tiene el presentimiento de ser merecedora de los sentimientos miserables con que sus padres la dejaron cargada. Si le preguntamos a una mujer de quien su padre abusó sexualmente cuál es el peor efecto de la terrible experiencia, seguramente contestará que el modo como la hizo odiarse a sí misma.

Incluso si nuestros padres fueron santos, nos pudieron haber conducido a odiarnos infectándonos con el odio que sentían por sí mismos. Mi virtuosa madre hizo de la autocondena un arte. El hecho es que tenía poco tiempo y aún menos energía para pecar. Sin embargo, recordaba cada pequeño pecado que había conseguido introducir en su vida y lo rumiaba hasta inflarlo a un tamaño que la hiciera sentir la pecadora del siglo.

Para nosotros, ella era santa y heroica; pero su bondad sólo nos hizo las cosas más difíciles. Si una madre virtuosa no podía perdonarse a sí misma, ¿cómo podrían hacerlo jamás enanos morales como nosotros?

Descubrí, después de su muerte, que podría perdonar a la madre que alimentó mi propio odio sólo cuando pudiera perdonar a ese ser al que odiaba. Sin embargo, honestamente, no sé qué fue primero, si el perdón hacia ella o el mío propio.

Pero los padres muertos no son las únicas personas invisibles.

LA MADRE INVISIBLE QUE SE DESHIZO DE SU HIJO

A continuación, una conversación que hemos escuchado en nuestra casa más de una vez:

"¿Por qué debo hacerlo?"

"Porque yo te lo pedí."

"¿Por qué debo hacer lo que me pides?"

"Porque soy tu madre."

"Tú no eres mi madre."

"Soy tu madre y te quiero."

"Tú *nunca fuiste* mi madre y *te odio.*"

La furiosa joven de la conversación era nuestra hija Cathy, una vital adolescente de dieciséis años en ese entonces, una hermosa mujer de veintiséis ahora, y nuestra mejor amiga. La mujer contra la cual se enfurecía era mi esposa, Doris.

Al ver hacia atrás esas tormentas domésticas y al disfrutar nuestra amistad ahora, estamos seguros de que el reto más difícil para los niños adoptados es su lucha por perdonar a la madre invisible que se deshizo de ellos.

Cuando Cathy era una niña pequeña, intentamos dibujarle el paisaje de la manera más armónica posible. "Ella te dio en adopción porque su amor era tal que le impedía quedarse contigo." Quizá. Pero en algún lugar de su corazón, Cathy se preguntaba si no era justamente de la manera contraria; quizá su madre biológica la entregó a alguien más porque no valía lo suficiente. Además, si la amaba tanto —sospechaba Cathy—, hubiera podido quedarse con ella en el caso de haberlo *deseado;* lo que probablemente quería era deshacerse de un bebé que sólo se interponía en el camino de su vida.

En cualquier caso, Cathy tenía que odiar a alguien. Tenía todo el derecho. La adopción puede ser una forma miserable de pasar, de contrabando, a un nido familiar. Y puesto que la madre invisible no estaba presente para ser odiada, ¿por qué no odiar a los padres visibles que estaban a la mano? *Nuestro* amor era sólo la evidencia de que alguien más la había dejado ir. Así es que llevaba consigo una doble carga de odio.

El único remedio para el dolor de su odio era su capacidad de perdonar.

Pero, ¿cómo perdonar a una madre que no tiene rostro, ni nombre, ni dirección? ¿Cómo *perdona* un hijo adoptado a una madre invisible?

Compartiré mi experiencia de la curación de Cathy mediante el poder del perdón. No pretendo sugerir que cada hijo adoptado debe llegar hacia el perdón por el camino de Cathy que, por otro lado, tampoco es exclusivo.

Una de las cosas que Cathy hizo fue obtener *algo* de información sobre sus padres biológicos. No todo. No los rastreó hasta encontrarse cara a cara con ellos, como algunos hijos adoptivos lo hacen. Pero indagó lo suficiente como para entender la realidad personal de ambos: eran muy jóvenes, eran pobres, pertenecían a distintas religiones y no estaban casados. También se enteró de que su madre era italiana, una maravillosa "explicación" para el espíritu romántico que nosotros, sus padres holandeses, nunca pudimos dominar en Cathy. Su madre biológica se convirtió en una persona más real, a pesar de ser todavía invisible.

Después Cathy supo más, y de una nueva manera, sobre la agonía por la que pasa una mujer joven antes de decidir dar a su bebé en adopción. Una de sus mejores amigas se embarazó y, después de momentos de miedo y duda, dio a su hijo en adopción; Cathy quería profundamente a su amiga, compartió su terrible conflicto y estuvo segura de que, después de considerarlo todo, la decisión había sido la correcta. Empezó a sentir que su propia madre biológica probablemente era una persona maravillosa atrapada en un terrible conflicto y que realmente la dio en adopción porque la amaba mucho como para quedarse con ella. Cathy era demasiado lista como para creer que *todo* era producto de un amor desinteresado; pero se dio cuenta de que pudo haber existido tal amor como para que su adopción por ese motivo fuera verdad. La nueva empatía con su madre natural no lavó todo el odio de Cathy, pero lo redujo al tamaño de lo perdonable.

El siguiente paso de Cathy fue el más importante. Con ayuda, llegó a darse cuenta de quién era ella realmente: una maravillosa, fuerte, inteligente y valiosa persona. El haber sido dada en adopción no disminuyó su autoestima como mujer. Pero aquí, también, fue lo suficientemente lista como para ver la mezcla de sentimientos que había en ella. Su necesidad de perdón iba de la mano con su deseo de ser aplaudida.

Finalmente, llegó a creer que Dios había perdonado a su madre invisible por cualquier mal cometido. Y si *Dios* podía perdonarla, ¿por qué no iba a poder hacerlo *ella* también? Y más aún, ¿por qué no podría perdonarse a sí misma?

No quiero dar la impresión de que Cathy caminó por una línea fácil y recta hacia la libertad y la paz. Pero lo hizo; venció uno de los retos más difíciles en el terreno del perdón; perdonó a la persona invisible que la trajo al mundo y después nos la entregó.

Doris y yo hemos enfrentado la crianza de tres niños adoptivos, los que han manejado el reto del perdón de distinta manera, pero cada uno me ha probado que el perdón es el único remedio para el dolor de haber sido regalado.

EL FANTASMA INVISIBLE DETRÁS DE LA ORGANIZACIÓN

La gente a veces se esconde detrás de las organizaciones y nos lastima tras la máscara de los sistemas institucionales.

Sus rostros se ocultan detrás de escritorios y puertas de salas de juntas, sonrisas de secretarias y minutas de reuniones.

Es la gente invisible a la que necesitamos perdonar cuando la organización nos lastima y la odiamos por hacerlo.

Para Bob fue la fábrica textil donde trabajó en Boston durante veinticinco años sin faltar un solo día; la compañía lo despidió sin pensión cuando ésta se mudó a Carolina del Sur en busca de mano de obra más barata.

Otro caso es el de Charlie, quien fue ascendido a un puesto que gradualmente se fue haciendo demasiado grande para él. Había invertido veinte años, los mejores que tenía que dar. Pero lo despidieron a una edad en la que ninguna otra compañía lo aceptaría y contrataron a dos personas para reemplazarlo en el trabajo en que él había sido presionado a hacer solo.

Para algunos, este caso es mucho peor.

Las organizaciones tienen pocos valores. Pueden hacerte caer, arrastrarte a través de una cama de clavos, aventar tus restos a la calle y, justo antes de que te estrelles contra el pavimento, entregarte tu nombre grabado en una placa de diez dólares que demuestra la gratitud de la compañía. Las organizaciones son amorales; pueden dejarte sangrando en la calle sin rastro humano que asuma la culpa: se trata de la política de la compañía.

El resultado: odio contra una organización impersonal.

¿Qué hacer cuando odias a una organización y ese odio está empañando tus años dorados, convirtiéndote en una extravagante, quizá hosca —pero ciertamente herida— alma vieja?

Lo que tienes que hacer es encontrar dentro de la organización a una *persona* de carne y hueso a la cual responsabilizar, y perdonarla (o perdonarlas, en caso de que más de una haya estado involucrada).

Si fuiste despedido de tu compañía antes de tiempo debido a una política insensible, no intentes perdonar a esta figura impersonal. Debes encontrar a un vicepresidente o a un jefe de personal, a alguien que haya tenido alguna responsabilidad por el trato injusto hacia ti. Y, si puedes, debes confrontarlo directamente. Él o ella seguramente se desembarazarán con alguna explicación razonable. Pero es mejor perdonar a alguien cuyo nombre se conoce, y que quizá no sea el único culpable, que ser agobiado durante el resto de la vida por el dolor causado por un sistema impersonal.

No debes gastar la vitalidad de tu alma intentando perdonar a una organización. El secreto de la paz es llegar a una persona detrás de la fachada corporativa.

Es posible que él o ella te digan que el sistema es el culpable. No debes permitir que el portavoz de la compañía suelte el anzuelo demasiado rápido. Debes declararlo —a él o a ella— culpable de tus heridas en segundo grado, al menos, y después puedes usar el poder que Dios te da para extenderle la mano al culpable y decir: "Lo perdono." Después de hacerlo, estarás en el camino hacia la curación. Apenas *en el camino.* Pero esto es suficiente para comenzar.

PERSONAS FUERA DE FOCO

Algunas personas no pueden ver la imagen clara de la persona que les hizo daño porque las "cámaras" en su cerebro están fuera de foco. Pero ellos, también, necesitan perdonar a aquellos que los han lastimado.

Me pregunto de qué manera los niños retrasados mentalmente pueden perdonar a la gente cuya identidad siempre aparece de manera borrosa ante su mirada. ¿Será que un niño con síndrome de Down tiene poderes especiales para perdonar?

Cuando pienso en lo inteligente que una persona tiene que ser para perdonar, inmediatamente Toontje aparece ante mí. No me siento orgulloso de contarlo, pero quiero hacerlo para mostrar lo sencillo que es lastimar a alguien que no puede fijar en su mente a la persona que lo está dañando.

En nuestra época de estudiantes, Doris y yo vivíamos en el terreno de un gran hospital mental en las afueras de una aldea llamada Bennebroek, en Holanda, donde teníamos unos cuartos maravillosos de una mansión holandesa de construcción irregular. El terreno del hospital había sido diseñado como un parque, con senderos serpenteantes delimitados por robles y salpicados, aquí y allá, por jacintos, tulipanes y narcisos. La belleza del lugar me invitaba a caminar vigorosamente cada mañana a través del área del hospital, junto a los campos de flores.

Era durante estas caminatas cuando me encontraba, cada mañana, cerca del mediodía, con Toontje. Toontje ("Pequeño Tony" en inglés) tenía microcefalia; su cerebro era demasiado pequeño como para organizar su mundo o aprender el alfabeto.

Pero Toontje aprendió a servir. Tenía una carretita con dos llantas —pequeñas para su fácil dirección—, una manija para empujarla y dos soportes detrás de las llantas para que la carreta quedara casi en posición vertical cuando Toontje la estacionaba. Toontje también llevaba un palo como de un metro de largo, con una punta afilada en un extremo para perforar y recoger pedazos de papel en el área del hospital.

Cada mañana podíamos verlo pescar cajetillas de cigarros o envolturas de chicle, llevarlas hasta su carreta, sacarlas del palo y, cuidadosamente, acomodarlas en su vehículo, una por una.

Si llegaba a caminar sin encontrar basura, él proporcionaba a su trabajo la suya propia. Paraba su carreta, tomaba un pedazo de papel, lo llevaba hasta la orilla de los senderos, lo tiraba en el piso, caminaba hasta su carreta para tomar su lanza, se acercaba a su presa, la perforaba, regresaba con ella y, sobriamente, la despositaba en su carretilla. Toontje ejercitaba su derecho humano a ser útil.

¿Cómo —se preguntarán—, es que Toontje sabía cuándo llegaba la hora de parar y dirigirse al Edificio Nueve a almorzar? De manera sencilla. Había aprendido a hacer una sola pregunta y a reconocer la respuesta que le daba su señal. Aprendió a preguntar: "¿Qué hora es?" Cuando escuchaba una respuesta —como "las doce"— sabía que era tiempo de regresar a casa. Así, arrastrando chillonamente las palabras, preguntaba de manera respetuosa a todos los que pasaban por los senderos del hospital: "¿Qué hora es?" A todos, todas las mañanas, la misma pregunta.

Una mañana soleada, detecté a Toontje perforando una cajetilla de cigarros y sentí el impulso malintencionado que conduce a personas decentes a hacer el mal.

¿Qué haría Toontje si yo le hacía su propia pregunta?

El momento tenía que ser exacto. Tenía que atrapar a Toontje en el límite —los labios listos para la Q del *qué*— y soltar mi pregunta antes de que él tuviera la oportunidad de hacer la suya.

"¿Qué hora es, Toontje?"

Se quedó helado. Su mano se deslizó, inerte, de la manija de su carretilla, sus ojos se abrieron para fijarse en un espacio en blanco y empezó a temblar, primero sus manos, después su cabeza y, finalmente, todo su cuerpo, mientras que de su boca salía un balbuceo primitivo. Se sacudió durante quince horribles segundos y después, gradualmente, volvió a poner sus manos en la manija de su carretilla y se fue, sin mirarme, sin decir nada.

Me di cuenta del mal que había hecho cuando lo vi temblar. En la presunción de mi tentación, creí que se trataba de un juego inofensivo; quizá, incluso, de un experimento psicológico. Pero, después, supe lo que realmente había hecho: había degradado a una persona que no tenía herramientas para jugar —un juego cruel— conmigo. Había traicionado mi fraternidad con este hombre y lastimado a un hijo de Dios que no merecía ese daño.

¿Pudo perdonarme? ¿La posibilidad de ser perdonado por Toontje era menor que ser perdonado por otra persona? ¿Podía este hombre, que poseía un cerebro demasiado pequeño como para estimar el cambio, obtener un foco claro y percibir que yo necesitaba ser perdonado? ¿Existía la posibilidad de que un gran corazón compensara las carencias cerebrales de Toontje?

No sé si Toontje, y todas las personas con deficiencias cerebrales, posean un don especial para perdonar. Toontje murió hace algún tiempo. En el cielo, estoy seguro, Toontje se enteró de la cosa terrible que le hice esa mañana de abril de hace veinte años. También pudo ver claramente el perfil de la persona que lo lastimó. Y estoy seguro de que me perdonó, aunque no me lo merecía.

Cuando nos encontremos quizá me enseñe cómo las personas de cerebro pequeño perdonan a las personas de alma pequeña.

Pienso que, a nuestro modo, todos somos como Toontje. En el fondo, todas las personas son un misterio para mí, de igual manera en que yo lo fui para Toontje. Nunca se puede tener un perfil perfectamente claro de nadie. La diferencia entre la manera parcial en que nos entendemos los unos a los otros y la manera parcial en que Toontje me entendió, no es tan grande.

Todos nos vemos y nos conocemos sólo en parte, como a través de un vidrio polarizado.

Así es que perdonamos en parte, también.

CAPÍTULO 7

Perdonar ante la indiferencia

El libreto del perdón no siempre tiene un final feliz. A veces, la historia queda suspendida en medio del vacío, en donde la respuesta a nuestro perdón es: "Me importa poco."

Una persona que nos lastima y que es indiferente, hace la primera herida más profunda y convierte el milagro del perdón en algo mucho más difícil.

No queremos perdonar a alguien que se ríe de nuestro perdón. Por ese motivo, no corremos a perdonar a alguien que se sacude la responsabilidad y nos deja abandonados para suturar, solos, las heridas que produjo.

Cuando alguien nos lastima con mala intención, nuestra reacción es desear que sufra. Esperamos que el verdugo pague sus deudas; queremos que se arrastre un poco. La vieja palabra que define lo que queremos es *arrepentimiento.*

Pero las personas que nos lastiman no siempre reaparecen.

La pregunta es si debemos, de cualquier manera, perdonarlos. ¿Tiene algún sentido perdonar a alguien que preferiría que nos guardáramos nuestro perdón para dárselo a los perros?

Antes de decidir, tenemos que estar seguros de qué es lo que deseamos. ¿Qué es lo que queremos de la gente cuando le pedimos que se arrepienta?

No todas las heridas requieren del arrepentimiento de quien las produjo; lo que más se necesita es la suturación. En el tráfico de las relaciones humanas, las probabilidades de atropellar —desconsiderada, descuidada y estúpidamente— a la gente son ilimitadas. Pero las relaciones no se fragmentan cada vez que nos lastimamos. Las pequeñas faltas pueden ser curadas con un gesto humilde que se queda corto frente al arrepentimiento.

¡Una disculpa!

¿Disculpa? ¡Qué transformación ha sufrido la palabra! En tiempos antiguos, una excusa significaba una petición de inocencia en contra de un cargo terrible. Actualmente, disculparse significa pedir perdón asumiendo la culpa.

La otra noche mi esposa llegó a casa inquieta porque un joven grosero le había ganado su lugar en la gasolinería. Llovía abundantemente. Doris era la cuarta en la línea de autoservicio, en donde había una bomba de gasolina que podía ser tomada de cualquiera de los lados. Tres carros estaban en fila frente a ella. Cuando finalmente llegó su turno, se bajó del carro, le dio la espalda a la bomba mientras le quitaba el tapón de la gasolina al coche y, finalmente, se volteó para tomar la manguera. Pero una camioneta llena de gente llegó por el otro carril salpicándola; el conductor saltó de su asiento, cogió la manguera justo cuando Doris iba a tomarla y después le quitó el tapón a su propio tanque, silbando cínicamente mientras lo llenaba de gasolina.

Mi esposa lo observó, rabiando, y después se preparó para el contraataque. "Usted vio que yo estaba esperando en fila antes de que llegara." "Eso me tiene sin cuidado", dijo. "Creo que lo que usted está haciendo es despreciable." "Me importa muy poco lo que usted piense." "Sus hijos están viendo, ¿no le importa lo que puedan pensar?" "Mire, señora, ya le dije que no me importa lo que *usted* piense."

Mi esposa me repitió el diálogo como si yo representara a cada conductor macho en el mundo: "¡Nunca se hubiera atrevido a tratarme así si yo hubiera sido un hombre!" Probablemente no.

¿Serviría una disculpa? Suponiendo su encuentro con el hombre la siguiente semana en el mismo lugar e imaginando que él le cediera su lugar con estas palabras: "Siento lo de la semana pasada, los chicos me tenían enloquecido y mi prisa por llegar a casa era terrible, pues ya era muy tarde." Creo que la reacción de Doris sería la de perdonarlo, aunque de mala gana. La disculpa habría cumplido su función.

Las disculpas mantienen la vida lubricada cuando los engranajes empiezan a desgastarse. A buen momento y hecha sinceramente, la agraciada disculpa es una reverencia de urbanidad, un gesto que ayuda a los ciudadanos a interactuar con un toque de humor, una reverencia humilde que mantiene el barullo dentro de límites tolerables.

Suficiente razón para ver que las disculpas no intentan hacer el trabajo que sólo puede realizar el arrepentimiento.

Las personas poderosas y turbias utilizan las disculpas como sustitutos del arrepentimiento. Traicionan la confianza. Cuando son desenmascaradas, sus palabras son de disculpa por "errores de juicio". Sonríen a través de sus disculpas viscosas cuando su crimen exige arrepentimiento. Y quedan libres sólo porque hemos perdido el sentido de la diferencia entre lo que exige arrepentimiento y lo que se sacude con una disculpa.

La gente común también lo hace. Cometemos algo que ocasiona dolor, pero cuando somos llamados a declarar, nos deslizamos a través de una resbalosa disculpa: "Querido, estás exagerando. Pero si insistes, diré que lo siento, así es que olvidémoslo." ¡Una rápida maniobra para esquivar el dolor de la penitencia!

No debemos permitir la impunidad. Una herida profunda e injusta no es una simple “metida de pata”.

No podemos aceptar todo de todos; algunos actos son intolerables. Cuando alguien nos lastima profunda e injustamente, una disculpa no enmienda las cosas; simplemente le quita peso a una falta que debe ser tratada con seriedad.

Si Jackie se disculpa por haberte traicionado, la debes desenmascarar y tirar su “perdón por eso” a la basura. Si Fred te miente después de haber prometido ser tu amigo, no debes aceptar sus disculpas; debes orillarlo a que enfrente la verdad o a que te deje en paz.

Ahora bien, si algunas faltas son sólo equiparadas con el dolor del arrepentimiento, debemos tener una imagen clara de lo que queremos cuando pedimos de alguien que se arrepienta.

El arrepentimiento es una construcción de cuatro pisos. Debemos pasar por cada nivel antes de terminar. Permítanme nombrarlos.

El nivel de percepción

El primer momento de despertar llega cuando podemos ver nuestra propia acción a través de la mirada de otro. Percibimos que sus sentimientos sobre lo que hemos hecho son genuinos. Hemos alcanzado el nivel de percepción interpersonal.

No es necesario ver cada detalle del distanciamiento exactamente como lo ve la otra persona. Probablemente nunca, incluso después de exhaustivas explicaciones, podamos coincidir exactamente en la manera en que todo sucedió. No importa. Podemos percibir que la persona herida está en lo cierto cuando afirma que lo que le hicimos fue un acto malo, injusto e intolerable.

El nivel de sentimiento

Ahora avanzamos de la percepción al dolor. En este nivel, *sentimos* el dolor que le provocamos al otro; compartimos la herida que infligimos.

De alguna manera, este nivel consiste en entrar al alma de la otra persona para compartir su sufrimiento. Una vez ahí, el sentimiento es el de estar en el frío, descalzo en la nieve, atrapado durante algún tiempo en el infierno interior de la propia y merecida condena. El nombre familiar de este dolor es "culpa".

El nivel de confesión

Cuando podemos decir a aquellos a los que hemos lastimado que nos damos cuenta de que nuestro acto fue intolerable y que compartimos su sufrimiento, alcanzamos el nivel de confesión. Si la persona nos cree, la tristeza de cada quien empieza a fundirse en una sola.

Cuando nos confesamos de esta manera, hacemos más que sólo *admitir* nuestra culpa. Los criminales a veces se ven orillados a admitir lo que no pueden seguir negando; los abogados llaman a esto "confesión", pero no se trata de lo mismo. Los terroristas no tienen problema en asumir la responsabilidad de las peores brutalidades y, sin embargo, esto no es una confesión en el sentido que ahora estamos tratando.

La confesión es diferente a revelar un secreto. Las celebridades no se confiesan cuando contratan a escritores fantasma para que cuenten su vida privada. La confesión sólo pretende como recompensa la curación.

Cuando nos confesamos ante otra persona, no admitimos simplemente que hicimos algo; le comunicamos a la persona a la que herimos nuestro propio dolor —exactamente el mismo que infligimos— y solicitamos desesperadamente su perdón.

La confesión entre amigos es sumamente difícil, es mucho más fácil confesarnos ante Dios que ante un hermano herido. Y la dificultad de confesión es proporcional a la profundidad de la herida.

Al confesar, nos ponemos en las manos de la persona a la que herimos, y nos acercamos sólo con la esperanza de recibir a cambio una señal de amor. La confesión es el estruendo de un corazón que se desmorona.

El nivel de compromiso

Si sabemos y sentimos genuinamente el daño que cometimos, también nacerá en nosotros el profundo deseo de no volver a lastimar. De esta manera, lo que deviene es una promesa.

¿Por qué habríamos de esperar que alguien tomara en serio nuestra confesión, a menos de que prometiéramos no volver a dañar la relación con todavía más dosis del mismo e injusto dolor?

No se pueden dar garantías; las mejores personas faltan a su palabra. Pero cualquiera que ha sido lastimado espera, al menos, que la *intención* sea sincera.

Entonces, estos son los cuatro niveles de la montaña del arrepentimiento: *percepción, sentimiento, confesión* y *compromiso.*

Así, nos parece correcto que las personas que quieren ser perdonadas den una señal de arrepentimiento.

La mayoría de las personas que hemos leído la historia del hijo pródigo nos sentimos bien cuando el hijo le dice a su padre, quien lo está perdonando: "No me lo merezco." Pero intentemos cambiar el libreto. Veamos al hijo llegando arrogantemente a casa y diciendo: "He decidido hacerle a todos el favor de reintegrarme a mi antiguo sitio en el círculo familiar." No lo aceptaríamos. Queremos que respete el guión original: "Ni siquiera merezco que me contraten como empleado."

Tomemos el caso de Marmelodov. Dostoievski nos habla de él en *Crimen y castigo.*

Marmelodov era un miserable que destruía las vidas de quienes lo amaban. Orilló a Sonia, su hija angelical, a salir a la calle y vender su cuerpo para poder mantener su constante estado de ebriedad. Le robaba dinero a Katerina, su sufrida esposa.

Pero Marmelodov esperaba ser acogido, al final, por la amorosa misericordia de Dios. La gente decente se burlaba de su esperanza, reprendían al canalla por presumir que podía obtener la piedad divina. ¿De dónde había sacado, la más despreciable rata de alcantarilla, que podía merecer una mansión en el cielo preparada exclusivamente para él?

El secreto es el siguiente: él *sabía* que no la merecía. Había tenido una visión en la que Dios recibía a todos los hijos pródigos del mundo. " 'Vengan borrachos, acérquense; ustedes, los débiles, los hijos de la vergüenza, vengan.' Y todos estaremos de pie frente a él. Y nos dirá: 'Ustedes son unos canallas, pero vengan también.' Y los sabios preguntarán: 'Dios mío, ¿por qué recibes a estos hombres?' Y esto es lo que Dios les responderá a los que lo cuestionan: 'Por esto los recibo, ustedes los sabios, por esto los recibo, ustedes los que entienden, porque ninguno de ellos creyó merecer esto.' "

El arte de recuperar la fraternidad después de haber hecho algo sucio radica en saber que no pertenecemos a ese lugar. Debemos saber que no somos dignos de ello. Y, como Marmelodov, debemos decirlo. Si nosotros somos los causantes del daño, debemos arrepentirnos; el arrepentimiento es la única entrada honesta hacia el perdón.

Pero supongamos que nosotros *somos* las víctimas. ¿Debemos *exigir* el arrepentimiento *antes* de perdonar a la persona que nos lastimó? ¿Debemos frenar nuestro perdón cuando la otra persona hace lo mismo con su arrepentimiento?

Al parecer, de nuestra lectura de la *Biblia,* Dios toma una actitud severa. Cuando Jesús envió a sus discípulos para que anunciaran al mundo que Dios perdona, también les dijo que solicitaran de la gente el *arrepentimiento.* Obedeciendo la orden, san Pedro puso las cartas sobre la mesa: "Arrepentíos para que sus pecados puedan ser perdonados."

¿Por qué? ¿Por qué debemos arrepentirnos cuando queremos ser perdonados?

No creo que Dios quiera vernos degradados por el placer de vernos sufrir.

Mi hipótesis es que Dios nos pide que nos arrepintamos, no por tratarse de una condición que él requiere, sino por tratarse de una condición que *nosotros* necesitamos. Lo que Dios quiere no es sólo que *seamos* perdonados en su corazón y mente, sino que nosotros también nos *sintamos* perdonados en nuestro corazón y mente. Desea una reconciliación honesta entre sus hijos. Exigir el arrepentimiento fue sólo una manera de exigir la *veracidad.*

Pero, ¿qué pasa con nosotros, simples mortales?

¿Debemos desperdiciar nuestro perdón en alguien que no lo quiere ni admite que lo necesita? ¿Margaritas a los cerdos? ¿Perdón para el impenitente? Volvamos a discutir el caso, desde otro punto de vista.

Ser realistas, me parece a mí, nos empuja a perdonar a la gente que nos ha lastimado, ya sea que se arrepienta o no lo haga.

Por un motivo: el tiempo no permite que la gente permanezca eternamente cerca de nosotros. Pueden morir antes de tener la oportunidad de arrepentirse. Pero necesitamos perdonarlos, de cualquier manera.

Y, segundo, es importante dejar a otros responsabilizarse por sí mismos. No podemos *obligarlos* a arrepentirse; no podemos jalarlos hacia nosotros como si fueran perros con correa. Dejemos que se hagan responsables de su distanciamiento. Pero, ¿por qué darles el poder de impedir nuestra propia curación?

De esta manera, la conclusión a la que llegamos es la de perdonar al impenitente por nuestro propio bien. Necesitamos perdonar a las personas indiferentes para no naufragar en nuestra propia miseria. Los demás deben responsabilizarse de su propia vida.

Me inclino por un juicio judío encontrado en un documento antiguo llamado *Testamentos de los doce patriarcas*: "Y si un hombre peca contra ti... si se arrepiente y confiesa, perdónalo... Pero si no tiene vergüenza y persiste en su mal, incluso así perdónalo de corazón, y deja a Dios la vindicación".

Dejar la vindicación a Dios, ése, creo, es el modo de lidiar con la gente que nos lastima y que parece no ser afectada por ello.

El desenlace del perdón requiere de dos personas, lo sé. Pero podemos acceder a la realidad del perdón sin el desenlace. No siempre necesitamos el todo para disfrutar de algo. Un botón tiene una belleza real incluso si nunca se convierte en flor. Una escalada puede ser exitosa a pesar de no llegar a la cima de la montaña. El perdón es real incluso si concluye al curarse el que perdona.

¿Debemos condenarnos a la tiranía del odio simplemente porque la persona a la que necesitábamos perdonar no quiere nuestro perdón?

¡Regresemos a los puntos básicos! El perdón es un proceso. Una etapa es la curación de la memoria del que perdona. Si la gente a la que perdonamos quiere permanecer en donde está, permitámoslo. Cada uno de nosotros puede volar solo hacia la libertad.

CAPÍTULO 8

Perdonarnos a nosotros mismos

¿Nos atrevemos a liberar a nuestro ser actual de la sombra de los errores que cometimos en el pasado?

¿Somos capaces de perdonarnos a nosotros mismos?

El acto del autoperdón requiere de gran valor. ¿Quiénes somos, después de todo, para liberarnos de los pecados innegables de la historia de nuestra vida privada —como si lo que alguna vez hicimos no tuviera relación con lo que somos actualmente?

¿De dónde sacamos el derecho —no se diga el descaro— para perdonarnos cuando otras personas desearían que nos arrastráramos de vergüenza en el caso de conocer nuestra historia?

El amor es el que responde directamente a este desafío; nuestra osadía se desprende por la valentía del amor. El amor es la fuente principal de nuestro derecho y valor para ignorar nuestra propia mirada acusadora. Cuando empezamos a vivir como si el mal del pasado fuera irrelevante a la percepción actual que tenemos de nosotros mismos, nos aventuramos en el amor que nos libera incluso de la autocondena.

Pero debe de haber veracidad. Sin honestidad, el autoperdón es lo que psicológicamente se conoce como "pensamiento mágico". El perdón es imposible si no enfrentamos el error en nuestro pasado para así poder llamarlo por su nombre.

Necesitamos hacer un juicio honesto para impedir la misericordiosa autosatisfacción.

Permítanme recordar las cuatro etapas que atravesamos al perdonar a alguien que nos ha dañado: lastimamos, odiamos, nos curamos y nos reunimos.

Todos nos lastimamos injusta y profundamente.

Dios conoce los remordimientos que cargamos por la tonta manera como nos engañamos. Yo fumé durante mucho tiempo, y mientras exhalaba el humo de mi cajetilla diaria, temía que llegara el tiempo de decir: tonto de ti, muriendo antes de tiempo sin tener a nadie a quien culpar más que a ti mismo. Oportunidades desperdiciadas, disciplinas rechazadas, adicciones triunfantes, ahí están para ensombrecer nuestros pasos con el claro sentimiento de culpa que cargamos por habernos dañado a nosotros mismos.

Pero el dolor que con más fuerza necesita de nuestro perdón es el que nace del daño injusto que hemos hecho a otros.

¡El recuerdo de una mentira! ¡La memoria del abandono! ¡El tiempo de la traición! Estos son los recuerdos, y miles como ellos, que nos horadan con un juicio honesto en contra de nosotros mismos.

No necesitamos ser malas personas para hacer cosas malas. Si sólo los malos hicieran daño a otras personas, viviríamos en un mundo bastante luminoso. Lastimamos a la gente con nuestros descuidos así como con nuestros vicios.

Y entre más decentes seamos, con más precisión sentimos el dolor de las heridas injustas que hemos causado. Nuestro dolor se convierte en nuestro odio. *El dolor que le causamos a otra persona se transforma en el odio que sentimos por nosotros mismos por haberle hecho daño.* Nos juzgamos, condenamos y sentenciamos casi siempre en secreto.

Algunos sentimos sólo odio *pasivo* por nosotros mismos, perdiendo la energía amorosa para desearnos el bien propio. No podemos vernos al espejo y decir: "Lo que veo me hace sentir contento de estar vivo." Nuestro gozo por ser nosotros mismos queda asfixiado por un odio pasivo.

Otros se sumergen en la *agresividad* de su propio odio. Se hacen pedazos con la furia del desdén. Una parte de ellos se tapa la nariz para empujar a la otra hacia el hoyo pestilente del desprecio. Son su propio enemigo. Y, a veces, en el extremo de la tragedia, el odio por sí mismos se manifiesta como autodestrucción.

Ciertamente, el juez interno puede ser un regañón irracional, acusándonos falsamente y azotándonos injustamente. Por otro lado, nuestra parte flexible muchas veces barre la culpa verdadera y la esconde debajo de la alfombra de nuestra complacencia. Nos engañamos para evitar el dolor de una confrontación con nuestro lado obscuro.

En cualquier caso, es preferible no confiar demasiado en nuestro juez interno.

Aun así, él es nuestro crítico más severo, por lo que debemos llegar a un acuerdo con él.

Así es que vayamos hacia la *audaz reacción del amor.*

¿Qué sucede cuando finalmente nos perdonamos a nosotros mismos?

Cuando nos perdonamos, reescribimos el guión. Lo que somos en la escena actual no está ligado a lo que hicimos en una anterior. El tipo malo que apareció en el primer acto es eliminado y, en el segundo, aparece como personaje bueno.

Nos liberamos hoy del libreto de ayer. Caminamos hacia el mañana sin culpa.

Una vez más, la palabra que se adecua mejor al caso es "irrelevancia". Miremos hacia el pasado, admitamos los hechos desagradables y afirmemos que son irrelevantes en nuestro presente. ¡Irrelevantes e inconsistentes! Nuestro pasado no tiene relación con nuestro presente, ni con la manera como nos sentimos dentro de él.

Tal liberación no se da tan fácilmente. La parte de nuestro ser que hizo el daño camina, por donde vayamos, como una sombra a nuestro lado. Un rincón de nuestra memoria nos guiña el ojo para decir: "Buen intento, amigo, pero ambos sabemos qué tipo de truhán eres en realidad, ¿no es cierto?" Se necesita un milagro de amor para deshacernos del inquisidor inexorable que deambula en las sombras de nuestro corazón.

Quizá nadie ha comprendido el camino tortuoso del autoperdón mejor que el genio ruso Dostoievski. En su novela *Crimen y castigo* perfiló la lucha interna del autoperdón en el alma de un asesino llamado Ilyon Raskolnikov.

Raskolnikov cometió uno de los peores crímenes que alguien pueda cometer. Asesinó brutalmente a una mujer indefensa, una vieja prestamista; ciertamente, una mujer miserable, mala y mezquina, pero, aun así, inocente. Su culpa fue insoportable.

Ningún alma humana puede soportar tal culpa en soledad, no por mucho tiempo. Tarde o temprano uno debe confesar. Raskolnikov encontró a una joven angelical, Sonia, y le confesó todo.

Ella lo convenció de que admitiera todo ante la policía, lo que finalmente hizo. Fue enviado a prisión en Siberia.

La amorosa Sonia lo siguió y esperó a que él pudiera perdonarse a sí mismo y a que encontrara la libertad para aceptar el amor de ella.

Raskolnikov no pudo perdonarse. Quiso, a cambio, encontrar la liberación en la disculpa.

Desde las profundidades del pesar, no dejaba de repetir: "por un designio de algún destino ciego"; estaba destinado a matar a la vieja mujer. Además, al enfrentarlo directamente, ¿su acto fue tan terrible? ¿No actuó Napoleón de manera parecida, y no le construyeron monumentos para honrarlo? De manera astuta, Raskolnikov encontraba razones profundas para justificar su culpa.

Raskolnikov *no se atrevía a ser culpable.*

"¡Qué feliz habría sido", escribió Dostoievski, "si hubiese podido culparse a sí mismo! Habría soportado cualquier cosa, incluso la vergüenza y la desgracia".

Sin embargo, de vez en cuando, Raskolnikov podía vislumbrar "la falsedad esencial en él". Sabía, en las profundidades de su ser, que se estaba autoengañando.

Y, finalmente, sucedió. ¿Cómo? No lo supo. Se arrojó a los pies de Sonia y aceptó su amor. "Lloró y rodeó con los brazos sus rodillas." Finalmente, tuvo el poder para amar. Y su capacidad de amor reveló que el milagro había sucedido realmente; se había perdonado.

¿Se perdonó? ¿Por tal crimen como un asesinato a sangre fría? Sí. "Todo —incluso su crimen, su sentencia y su encarcelamiento— le parecían ahora... un externo y extraño *hecho que no le concernía.*"

¡Liberación! Liberación mediante el descubrimiento de que su pasado terrible no tenía nada que ver con el ser que era ahora y el que sería en el futuro. Se había liberado de su propio juicio y, por este motivo, obtenía la libertad para amar.

Raskolnikov destaca osadamente para mostrarnos que incluso el individuo más bajo puede encontrar el poder para liberarse.

Finalmente, *el desenlace del autoperdón llega cuando, nuevamente, nos sentimos uno con nosotros mismos.* La escisión se ha desvanecido. La parte de nosotros que nos condenaba tan severamente ahora nos abraza. Somos un todo, somos únicos; nos hemos reconciliado.

No se trata de que somos unos pagados de nosotros mismos. Nos importa haber hecho daño. Y no queremos volver a hacerlo. Pero no permitiremos que un error del pasado maldiga a la persona que somos actualmente. Hemos vencido un obstáculo. Nos hemos permitido regresar a casa.

El sentimiento no es definitivo. El odio que sentimos regresa de vez en cuando, y logra que nos rechacemos por lo que alguna vez cometimos. Como un péndulo, oscilamos entre la condena y el perdón hasta, finalmente, alcanzar la estabilidad.

Perdonarnos: ¡el milagro extremo de la curación!

Pero, ¿cómo llevarlo a cabo?

Lo primero que se necesita es honestidad. Sin ésta, no hay manera de conseguirlo. Franqueza, una mente lista para deshacerse de la falsedad y para enfrentar los hechos: esta es la primera pieza del equipo espiritual que se requiere.

Sin franqueza sólo podemos ser autocomplacientes. Y la complacencia es una imitación falsa del perdón. Algunas personas son superficiales, no hay otra palabra para describirlas. Valiéndose de su bajo ingenio, buscan no cuestionar una vida de satisfacciones inmediatas, conduciéndose más como vacas pastando que como seres humanos honestos.

La diferencia entre una persona complaciente y una persona que se perdona a sí misma es como la diferencia entre la estimulación de las drogas y la estimulación de la verdadera felicidad.

Se necesita una mente clara para que el corazón pueda avanzar hacia el proceso del perdón.

Como un ejemplo, es necesario conocer la diferencia entre la autoestima y el autoperdón.

Podemos ganar autoestima cuando descubrimos que somos seres estimables; que merecemos ser valorados. Estimarnos significa sentir en lo más profundo de nuestro ser que somos un soberbio regalo codiciado, una creación artística de Dios y una criatura de magnífica belleza.

A veces, no se llega a la autoestima sin antes haber enfrentado el lado obscuro con el que fuimos dotados en la vida.

Conozco a un hombre que tiene lo que, cruelmente, se llama "Síndrome del hombre elefante"; una mano tiesa para el juego de la vida, pero la única que él tiene. Ha aprendido a ver a la bella persona que se encuentra debajo de su espinosa piel, y se estima *por* lo que él es. Otro ejemplo: Kim es una hermosa niña adoptada quien heredó de su madre biológica una enfermedad genética. Kim ha decidido aceptarse como un regalo de Dios increíblemente hermoso, por lo que ella es, a pesar de las circunstancias.

Benditos son los individuos que se autoestiman, pues han visto la belleza de sus propias almas.

Pero *la autoestima no es lo mismo que el autoperdón.* Nos estimamos cuando descubrimos nuestra propia excelencia. Nos perdonamos después de descubrir nuestros errores. La autoestima nace del descubrimiento de la belleza de nuestro ser; el autoperdón, de la maldad que hemos hecho.

Si no podemos ver la diferencia, corremos el riesgo de aplaudirnos constantemente y nunca llegar al momento de autoperdonarnos. Así es que es necesario tener una claridad mental con respecto a nuestros actos.

También necesitamos valor. Perdonarnos a nosotros mismos es el supremo acto de amor.

La razón por la que se requiere de un gran valor para perdonarnos yace, en parte, en la actitud que tienen otras personas hacia los que se autoperdonan. Los santurrones no quieren que otros experimenten la liberación del autoperdón, sino que caminen siempre bajo la sombra de la eterna culpa y la vergüenza.

Yo puedo entender a estas personas, pues soy una de ellas. Hay algo en mí que desea que un malhechor, especialmente si es famoso, mantenga baja la cabeza, sea el último de la línea, hable con una voz tímida; quiero que sufra un poco o quizá, en realidad, quiero que sufra mucho.

Así es que al caminar y hablar como una persona que ha extirpado el oscuro pasado del momento presente, necesitarás valor para enfrentar a la multitud de santurrones.

También será necesario ser concreto.

Nos ahogamos en el lodo de nuestra propia condena por una falta de especificidad. Es altamente probable que fallemos en el autoperdón cuando nos rehusamos a ser concretos sobre aquello por lo que nos queremos perdonar.

Muchos de nosotros tratamos, por ejemplo, de perdonarnos por ser el tipo de personas que somos. Somos feos o malos o mezquinos o dignos de ser odiados; o, por otro lado, somos demasiado buenos, sin personalidad, aduladores, sirvientes humildes de todo aquel que quiere obtener algo de nosotros.

Pero las personas que intentan perdonarse por ser un completo fracaso, no son humildes; realmente se sienten tan orgullosas que quieren convertirse en dioses. John Quincy Adams —no el mejor, pero un muy buen presidente— no pudo perdonarse. "No he hecho nada", escribió en su diario. "Mi vida ha sido desperdiciada en aspiraciones vanas y ociosas, así como en interminables plegarias para que mi existencia tuviera algún resultado benéfico para la humanidad." Las últimas palabras del gran jurista Hugo Grotius, el padre del derecho moderno, en su lecho de muerte, fueron: "En mi vida, no logré nada que valiera la pena." Tales personas suenan humildes con sus lamentos por haber sido unos fracasos en la vida; pero la naturaleza de su dolor es por haber sido simples seres humanos.

Debemos desenmascararnos a nosotros mismos; ¿qué es exactamente aquello por lo que necesitamos perdonarnos? ¿Por haber sido infieles el año pasado? Bien, se puede trabajar en ello. ¿Por ser una especie mala de persona? No, eso es demasiado. No tenemos la capacidad para digerir tanto a la vez.

La mayoría de las personas no puede manejar más de una cosa a la vez. "Suficiente de esta maldad por un día", dijo Jesús. Cuando nos sobrecargamos con el pesado equipaje de culpa indiferenciada, tendemos a hundirnos en la desesperación. La única manera de tener éxito en el autoperdón —libre de la tiranía de una conciencia vigilante— radica en ser concretos y perdonar nuestros errores, uno por uno.

Finalmente, *necesitamos confirmar nuestro increíble acto de autoperdón con un intrépido acto de amor.* ¿Cómo saber con seguridad que apostamos con culpa y ganamos, a menos de que apostemos nuestras ganancias al amor?

"Ella ama en gran medida porque ha sido perdonada en gran medida", fue la explicación que Jesús dio ante una mujer que se atrevió a entrar sin invitación a una cena, caer a sus pies y derramar una cascada de amor.

El amor es una señal de éxito, una señal de que realmente nos hemos liberado de la culpa que nos condenaba. No siempre sabrás con exactitud cuándo te has perdonado. Es como alcanzar la punta de una alta montaña en una carretera, puedes no estar seguro del momento en que has alcanzado el nivel del piso, pero puedes saber que has pasado la punta cuando el coche empieza a acelerarse. Un acto de amor es como una rápida aceleración. Un libre acto de amor, hacia cualquiera, puede decirte que, después de todo, tienes el poder que nace en alguien que se perdona a sí mismo.

¡Puedes comprar un regalo! ¡Invitar a cenar! ¡Visitar a alguien que está enfermo! Escribir una carta de agradecimiento. O decirle a papá que lo amas. Todas éstas son formas de comprobar que hemos realizado el milagro de perdonarnos a nosotros mismos.

Sí, el amor te da el derecho de perdonarte; así como el poder para hacerlo. Al menos, para poder empezar. La curación puede irse dando lentamente, pero es mejor un paso de tortuga que quedarse completamente quieto, con los pies hundidos en el cemento de las autoacusaciones.

Perdonarse a uno mismo es actuar el misterio de ser al mismo tiempo el que perdona y el que es perdonado. Nos juzgamos: esta es la división que se produce en nuestro interior. Nos perdonamos: esta es la curación del individuo escindido.

Apostar por la curación mediante este acto sencillo es una señal para el mundo de que el amor de Dios es un poder dentro de ti.

CAPÍTULO 9

Perdonar a figuras monstruosas

La maldad de ciertos monstruos rebasa la imaginación de la gente común. Puede tratarse de titanes que pisotean poblaciones enteras. Puede tratarse de gusanos que conducen a la prostitución a niños pequeños. Ya sean gigantes o enanos, lastiman a la gente de tal manera como para quedar descalificados para siempre de la posibilidad del perdón.

¿Qué es lo que hace de su maldad algo demasiado terrible para ser perdonado? A veces es el sin sentido del daño que ocasionan —una pandilla drogada que mata a un niño que juega avión en la banqueta—. A veces es la inimaginable dimensión que alcanzan sus actos: el Jim Jones que le lava el cerebro a toda una comunidad hasta el punto de cometer suicidio colectivo. Puede haber otras razones por las que una persona, mediante sus actos, puede dificultar el perdón; estas son suficientes para sorprendernos.

¿Existen personas para las que definitivamente no existe el perdón? ¿Cómo saberlo?

Hay al menos una razón convincente para dejar a los terribles malhechores sin la gracia del perdón.

Si perdonamos a los monstruos del mundo, tememos minimizar el horror que han cometido. El perdón puede reducir el mal de tal manera que una sociedad tolerante empiece a tragar y digerir el mal hasta convertirlo en algo común y corriente.

De su pasión por la honestidad, la novelista Cynthia Ozick dice que perdonar a los monstruos "distorsiona el sufrimiento y la muerte. Hunde el pasado. Cultiva la simpatía hacia el asesino a costa de la simpatía hacia la víctima".

Cynthia Ozick coloca el punto justamente en donde debe estar: con los que sufren. Pero, honestamente, yo pienso que hay otra manera de ver las cosas.

El perdón no reduce la maldad. Perdonar un gran mal no le quita a éste un milímetro de su monstruoso tamaño. No hay un perdón real a menos que primero haya una severa exposición y un juicio honesto. Cuando perdonamos el mal, no lo justificamos, no lo toleramos, no lo reprimimos. Vemos el mal frente a frente, lo llamamos por su nombre, dejamos que su horror nos impacte y nos enfurezca y, sólo después, lo perdonamos.

Además, la dimensión del mal no es simplemente un asunto de cantidad.

El dolor no es medido solamente por el número de personas que lo sufren. Si hay dos personas en un cuarto y una de ellas tiene un terrible dolor de cabeza, no se duplicará la cantidad de dolor si la otra persona empieza a padecer lo mismo.

Si nos traicionan, sentimos *—en todo nuestro ser—* el dolor que las traiciones de la historia humana han provocado en el mundo. No podemos sumar el dolor de cien traiciones, así como tampoco dividir el dolor entre las personas traicionadas. Cada víctima solitaria siente la medida completa de la traición, a pesar de que hayan sido un millón las personas traicionadas.

Una mujer violada no pregunta si un hombre lo suficientemente malo como para violar a cien mujeres, puede ser perdonado. Se pregunta si ella puede perdonar al hombre que la violó.

Y si el mal se midiera en números, ¿cómo sabríamos cuando un criminal ha traspasado la zona del perdón? ¿Por instinto? ¿Necesitaríamos que una comisión de derechos humanos nos indicara el rango de perdón de las atrocidades? ¿Habría que consultar a un grupo de filósofos de Harvard? ¡De ninguna manera! Si hay alguien a quien consultar, es a aquel que quizá nunca ha ido a la escuela, pero que ha sido lastimado profundamente y después curado de un dolor injusto.

Además, si decimos que los monstruos están más allá del perdón, les damos un poder que no deben tener. Los monstruos que son demasiado malos para ser perdonados ejercen un dominio absoluto sobre sus víctimas; pueden sentenciarlas a una vida de dolor incurable. Convertirlos en seres imperdonables es dotarlos de poder para mantener su maldad viva en los corazones de los que más han sufrido. Les damos el poder de condenar a sus víctimas a vivir siempre con el doloroso recuerdo de su pasado. Les damos la última palabra.

Una última ironía es la siguiente: cuando nos rehusamos a perdonar a los monstruos, les damos exactamente lo que quieren.

Los monstruos no quieren ser perdonados. Quieren quedarse solos para reivindicarse ante el mundo. Virtualmente, cada nazi soñó —incluso al ser condenado en Nuremberg— que un día los alemanes construirían una estatua en su honor.

El resultado contraproducente es: si les negamos a los gigantes del mal el perdón, somos más crueles con sus víctimas, amén de darles a ellos exactamente lo que quieren.

Consideremos, desde otro punto de vista, cómo fallamos en nuestro propósito al decir que un monstruo es demasiado malo como para ser perdonado.

Cuando declaramos que una persona está más allá de lo perdonable, creamos a un monstruo que ni siquiera necesita ser perdonado, un monstruo al que no se le juzga por estar más allá de la humanidad. Esta es la paradoja de los absolutos.

Reflexionemos un poco para asegurar que el punto ha quedado claro.

Tomemos como ejemplo a Adolph Eichmann: el principal arquitecto del holocausto. Eichmann diseñó una maldad de tal dimensión, que nadie ha podido sentir aún el horror en su totalidad. Encontrado culpable de crímenes en contra de la humanidad por un juez israelí, fue colgado en Jerusalén.

¿Eichmann podía ser perdonado?

Hannah Arendt fue a Jerusalén a hacer un reportaje sobre el juicio de Eichmann. Ella observó a este hombre, lo escuchó, lo investigó, lo estudió y, después, escribió un libro que lleva por título: *Eichmann en Jerusalén: Un reportaje sobre la banalidad del Mal.*

¿Banalidad? ¿De *este* mal? La palabra banalidad nos remite a palabras como estúpido, trivial, plano, insulso, vacío y aburrido. ¿Cómo podía hablar ella así sobre Eichmann y sus monstruosidades?

Arendt no intentaba reducir la magnitud del mal que Eichmann cometió. Quería decir que Eichmann no era un superhombre, ni siquiera un monstruo superhumano; era un hombre estúpido, aburrido, plano y común que utilizó su libertad para convertirse en una herramienta humana de la maquinaria nazi.

Algunas personas reaccionaron violentamente en contra de las palabras de Arendt, "banalidad del Mal". Pero me pregunto si no habrán caído en otra tentación. ¿Superhumanizaron la maldad del Eichmann? ¿Lo convirtieron en un dios del Mal?

Pienso que la maldad de Eichmann fue superhumanizada. Eichmann se convirtió, ante los ojos de la gente, en médula concentrada de maldad, una versión de la esencia misma de la maldad, equiparable con la del demonio. Eichmann fue transformado en un dios del Mal, su humanidad se convirtió en una simple máscara que cubría la maldad en un estado de pureza que solamente los dioses pueden tener o cometer.

Al convertir a Eichmann en un monstruo imperdonable, lo colocamos más allá de la responsabilidad humana, más allá del bien y del mal. Nadie perdona al diablo. ¿Por qué? Porque está más allá de la lucha entre el bien y el mal; es maldad en estado puro, y, por lo tanto, no entra dentro de la posibilidad de ser perdonado.

¡La paradoja!

Así es como exterminamos a Eichmann. Lo aplastamos como a un mosquito nocivo. Le disparamos como a una bestia viciosa acechando nuestra aldea. No lo juzgamos como a ser humano culpable, lo liquidamos como a algo inhumano.

La verdad del asunto es que la gente bastante común es capaz de cometer extraordinarias maldades. Ciertamente, necesitamos juzgarlos, y perdonarlos si podemos, porque son responsables. Y porque nosotros necesitamos curarnos.

Si el perdón es un remedio para las heridas de un pasado doloroso, no podemos negarle a ningún ser humano la posibilidad de ser perdonado, a menos de que le neguemos a la víctima la posibilidad de ser curada a través del perdón.

El amor hace del perdón una creativa transgresión a todas las reglas.

Pero, ¿qué hay de la habilidad de la víctima para perdonar? ¿Puede una víctima de estos monstruos perdonarlos realmente? Esa es otra pregunta y muy diferente.

La respuesta no puede ser dicha a los cuatro vientos para que todos la escuchen. La respuesta sólo nace del corazón de la persona que, durante momentos infernales, fue lastimada por un monstruo. Yo no puedo dar la respuesta, así como tampoco la puede dar alguien que no haya sido un sobreviviente del mal que algún monstruo haya hecho. La respuesta sólo puede encontrarse en aquellos que han visto a los monstruos con sus propios ojos y sentido su maldad en sus propias vidas.

Quizá la respuesta del poder no venga de la mente, quizá venga del corazón herido. Y, finalmente, del corazón en el que nace la esperanza.

CAPÍTULO 10

Perdonar a Dios

Existe una antigua historia sobre un sastre que termina sus plegarias y, al salir de la sinagoga, se encuentra con un rabino.

"Y bien, ¿qué has estado haciendo en la sinagoga, Lev Ashram?", le pregunta el rabino.

"Rezaba, rabino."

"Bien, ¿y confesaste tus pecados?"

"Sí, rabino, confesé mis pequeños pecados."

"¿Tus pequeños pecados?"

"Sí, confesé que a veces corto mi tela por el lado delgado, que a veces hago trampa para ganar un par de centímetros de un metro de lana."

"¿Le dijiste eso a Dios, Lev Ashram?"

"Sí, rabino, y más. Le dije: 'Señor, yo engaño en pedazos de tela; Tú permites que los bebés mueran. Pero te propongo un trato. Tú me perdonas los pequeños pecados y yo te perdono los grandes.'"

El sastre judío atrapó a Dios para pedirle cuentas.

El rabino Harold Kushner sufrió el dolor indecible de ver morir a su hijo de vejez prematura, antes de cumplir los quince años. En su libro *When Bad Things Happen to*

*Good People**, nuevamente abre nuestro corazón a la pregunta: ¿En dónde está Dios y qué es lo que está haciendo cuando la gente buena sale lastimada, profunda e injustamente? Kushner no cree que estos momentos sean responsabilidad de Dios; no podemos esperar que Dios se haga cargo de todo. Así es que podemos disculparlo. Y, sin embargo, de cualquier manera nos reta a perdonar a Dios:

> ¿Son capaces de perdonar a ... Dios ... cuando los ha abandonado y desilusionado al permitir la mala suerte y la enfermedad y la crueldad en Su mundo, y al dejar que algunas de estas cosas les pasen a ustedes?

Podemos reaccionar automáticamente: Dios no puede ser culpado de nada y, por lo tanto, tampoco perdonado de nada. Los salmos dicen: "El Señor es justo en todas sus maneras, y noble en todas sus acciones." Ser Dios es nunca tener que pedir perdón.

Cuando se trata de Dios, nuestra piedad instintiva se apresura a defenderlo de nuestras propias quejas.

Quizá todo lo anterior sea verdad. Pero no debemos reprimir el grito primitivo de aquellos que sienten que Dios los ha abandonado en medio de la tormenta del dolor. ¿Le molestaría mucho a Dios que encontráramos nuestra paz al perdonarlo por nuestro sufrimiento? ¿Podemos encontrar una forma de perdonarlo sin culparlo? Un tipo especial de perdón para un tipo especial de relación. ¿Le importaría?

Intentémoslo; hablemos un poco, reverente pero honestamente, sobre el perdón a Dios. Recordemos las cuatro etapas del perdón. Las primeras dos son nuestro dolor y nuestro odio.

---

*En español, *Cuando las cosas malas le suceden a la gente buena.* (N. del T.)

Primero, el dolor

Concentrémonos en los dolores que sentimos injustos y profundos. No intentemos perdonar a Dios por no habernos hecho más inteligentes o más bellos. No lo perdonemos por no habernos dado unos padres más ricos con genes de calidad incuestionable. Nadie obtiene todo en la vida.

Y es sensato no intentar perdonar a Dios por los obstáculos que nosotros mismos construimos en nuestro camino. Si fumamos dos cajetillas de cigarros diariamente durante veinte años, no debemos perdonar a Dios por un factible cáncer de pulmón.

Pero a veces sufrimos mucho sin una buena razón, mientras que otras personas de integridad cuestionabale parecen manejarse bien en la vida. Una mujer reza durante diez años para ser madre y nunca lo logra; una adolescente que tiene relaciones sexuales irresponsables se ve orillada a deshacerse, mediante un aborto, de lo que otra mujer desea más que nada en la vida. Un hombre sigue todas las reglas de la buena salud y muere de un tumor cerebral a los treinta y cinco años; su amigo fuma, bebe, engorda y muere a los ochenta y cinco. Una pequeña ayuda de Dios habría sido útil.

A veces, parece que Dios no tiene que hacer absolutamente nada.

Harry Angstrom, en la novela de John Updike, *Rabbit Run*, enojado abandonó la casa una noche; su esposa Janice se quedó con el bebé y se emborrachó. Janice quiso bañar al bebé en la tina, pero el cuerpo del niño estaba resbaloso por el jabón y la mente de su madre no podía dirigir sus propias manos. Tomaba el cuerpecito, pero tenía dificultad en dominarlo; seguía intentando, pero no podía encontrar el modo adecuado de hacerlo.

Un terrible sentido de peligro invadió su confusa mente, y después supo "que la peor tragedia que le podía suceder a una mujer le había sucedido a ella".

Harry regresó a casa varias horas después y se enteró de la terrible verdad.

Fue al baño. La tina todavía estaba llena de agua, así es que se subió la manga de la camisa y jaló el tapón para vaciarla.

Harry se lamentó: "Qué fácil era hacerlo y, sin embargo, con toda su fuerza, Dios no hizo nada. Solamente tenía que jalar el pequeño tapón."

El lamento de Harry se puede escuchar en casi cualquier lugar. A veces no podemos vaciar la tina y nos sentimos desnudos ante los golpes helados en el invierno de nuestra alma.

Pero también es necesario ver el lado luminoso. Los bebés casi nunca mueren ahogados en una tina. Nuestros hijos sobreviven a los resfriados, manejan sus bicicletas en medio del tráfico pesado, esquivan a los vendedores de drogas y escapan de los abusadores sexuales. La mayoría de las personas no se enferma de cáncer; generalmente, nos metemos a la cama y nos levantamos puntuales al día siguiente para arriesgar nuestra vida en la salida diaria.

Pero cuando los ladrillos nos caen encima, no sentimos el ánimo de hacer un balance —recordando nuestros días felices— del promedio de bateo; sólo queremos saber por qué no pudimos hacer algo para evitar el terrible dolor.

Después, odiamos a Dios

Se necesita un alma dura, quizá enloquecida, para odiar a Dios. ¿Quién es lo suficientemente tonto para desearle a Dios mala suerte? Job no se atrevió a seguir el consejo de su esposa: "Maldice a Dios, y muere." Yo tampoco me atrevería. ¿Maldecir a Dios? ¡De ninguna manera!

Pero, a veces, llegamos a odiar a Dios. Todos nosotros. Disimuladamente.

Si no nos atrevemos a odiar a Dios, el dador de la vida, sí nos atrevemos a odiar sus regalos. Odiamos su mundo. O nos odiamos a nosotros mismos. Cuando cerramos los ojos ante cualquier razón que tenemos para estar contentos, cuando resentimos las cosas malas que les suceden a nuestros amigos, cuando nuestros corazones sofocan cualquier impulso de felicidad, alimentamos un odio pasivo hacia Dios.

Quizás el único que se atreva a odiar, frontalmente, a Dios sea un ateo. Pienso en la Sarah de Graham Greene, la mujer en *The End of the Affair** quien creía en Dios con tal fervor que con sólo cerrar los ojos se sumergía en la fe. Ella amaba a la gente de la manera en la que creía en Dios, con una confianza sin límites. Pero Sarah murió demasiado pronto, inexplicablemente pronto para alguien con tanta capacidad de amar como ella.

El amante de Sarah odió a Dios, y se atrevió a lanzarle, de frente, su maldición.

Con tus grandes designios puedes arruinar nuestra felicidad de la misma manera en que un segador destruye la guarida de un ratón.

Te odio, Dios, te odio como si existieras.

Los verdaderos creyentes se parecen más al profeta Jeremías. No nos atrevemos a odiar a Dios, así es que, en su lugar, odiamos la vida. Cuando Jeremías se sintió abandonado por Dios, dirigió su odio hacia él mismo:

¡Maldito sea el día en el que nací!
Que no sea bendito el día en que mi madre me dio a luz.
Maldito el hombre que le dijo a mi padre:
"Te ha nacido un hijo" y le dio felicidad.

---

*En español, *El final del amorío.* (N. del T.)

Odiar el regalo más valioso de Dios es la manera ruin en la que el creyente odia a Dios.

Lo odiamos porque sentimos como si nuestro mejor amigo de repente se convirtiera en nuestro peor enemigo. Pudo haber jalado el tapón, pero en su lugar vio cómo se ahogaba el bebé. Un judío de la antigüedad lo dijo hace mucho tiempo en el Libro de las Lamentaciones: "El Señor se ha convertido en un enemigo... se ha multiplicado... dolor y lamentación."

Después, defendemos a Dios

Defendemos su caso en contra de nuestras propias acusaciones.

Nuestra mente creyente quiere acelerar la defensa de Dios en contra de nuestros atemorizantes sentimientos de odio. Y cualquier persona pensante puede encontrar buenas razones por las que Dios no jala el tapón, evitándonos el dolor.

Podemos, si abrimos nuestra mente, ver nuestras heridas como pequeñas manchas en la gran pantalla de la armonía eterna. Los que odian a Dios tienen un punto de vista reducido; su odio no los deja tener una vista panorámica. Los creyentes, en cambio, pueden ver con perspectiva.

Si entramos en una gran tienda, veremos una mezcla de baldosas grises, blancas y negras que conforman el piso. No parecen estar dispuestas en algún diseño específico. Pero subámonos al segundo piso y, desde ahí, observemos el espléndido diseño que aparece ante nuestra vista. Nuestro pequeño y confuso rincón se ve bien dentro del gran diseño.

No debemos criticar una pintura de Rembrandt por una de sus esquinas oscuras. Tomemos distancia para poder ver el cuadro completo. La sombra sólo define la luz.

El trabajo de Dios es igual; las sombras oscuras acentúan las brillantes glorias. Veremos —desde lo alto— que Dios hace que todas las cosas embonen. Todos nuestros dolores harán que su misericordia posterior parezca más tierna.

Esta fe filosófica, indudablemente, funciona como un consuelo. Ayuda a algunos a creer que incluso lo peor de sus dolores profundos e injustos son realmente acordes menores dentro del gran concierto divino.

Pero no me atrevería a decir esto a mis vecinos de enfrente, quienes se lamentan por su hijo Howard de doce años que se está muriendo de un cáncer que le empezó en los testículos hace unos meses y que se ha expandido amenazándolo de muerte inminente. No me atrevo a decirles que el cáncer de Howard algún día se verá bien dentro de la pintura humana, como una sombra en un cuadro de Rembrandt.

Cuando pienso que he encontrado buenas razones por las que nunca debemos perdonar a Dios, me viene a la mente Elie Wiesel. Lo veo observando a un pequeño niño colgado, agonizando, de una horca en Auschwitz. En su inolvidable historia real, *Night,** Wiesel nos dice lo que vio:

> Un día, cuando regresábamos del trabajo, vimos tres horcas levantadas... Tres víctimas en cadenas, una de ellas, el pequeño sirviente, el ángel de los ojos tristes...
> Las tres víctimas estaban subidas en sillas.
> Los tres cuellos fueron colocados en el mismo momento en los lazos...
> A una señal... las tres sillas cayeron.
> Silencio total en el campo...
> Después empezó el desfile. Los dos adultos habían muerto... Pero la tercera cuerda aún se movía; por ser tan ligero, el niño todavía estaba vivo.

---

*En español, *Noche.* (N. del T.)

Durante más de media hora se quedó ahí, luchando entre la vida y la muerte, muriendo una lenta agonía frente a nuestros ojos. Y lo tuvimos que ver directamente a la cara.
Detrás de mí, escuché a un hombre que preguntaba:
"¿En dónde está Dios ahora?"
Y escuché una voz dentro de mí que le respondía:
"¿En dónde está? Aquí está, en la ejecución de estas horcas."

¿Qué voz escuchó Wiesel en el interior de su alma diciéndole en dónde estaba Dios? ¿Era la voz del cerebro? No. ¡Era la voz de su corazón!

La voz del corazón era la única que podía escuchar en ese terrible momento. ¡Qué fría, qué cruel habría sido una defensa de Dios elaborada intelectualmente!

Sin embargo, hay ciertas cosas que mi mente me dice sobre Dios que parecen razonables frente a mis dudas. No demuestran que las heridas que siento sean parte de la perfección de un diseño. Pero me pueden ayudar a sentir que Dios es mi amigo, incluso cuando sufro más de lo que merezco.

Permítanme hablar de ellas.

Después, dejaré que sea mi corazón el que hable.

Primero, Dios me da el tipo de mundo en el que quiero vivir

Realmente quiero ser esa clase de criatura que puede ser lastimada. No quiero ser un ángel. Me gusta ser un cuerpo con terminaciones nerviosas que me brindan placer cuando una mujer las toca. Pero si ella me puede dar placer con la ternura de su tacto, entonces debo asumir el riesgo de que me lastime con una palabra brutal.

Nos hizo espíritus libres en un mundo de espíritus libres. También me gusta esta parte. No cambiaría este mundo por otro en el que la gente fuera buena conmigo simplemente porque tuviera que serlo. Pero si quiero vivir entre gente libre, debo saber que algunas de ellas pueden a veces, hacerme daño.

El dolor y el territorio vienen en un solo paquete. Y me gusta estar aquí. Así es que, ¿por qué debo perdonar a Dios?

Segundo, creo que Dios sufre junto conmigo

No me siento dispuesto a perdonar a alguien por mi sufrimiento cuando esa persona sufre tanto como yo, quizá bastante más. Cuando le reclamo a Dios: "¿En dónde estabas cuando te necesité?" Creo que responde, con una voz todavía empequeñecida: "Estaba ahí, doliéndome contigo."

Jesús, al agonizar en la cruz, se preguntó en dónde estaba Dios: "Padre mío, Padre mío, ¿por qué te has olvidado de mí?"

Pero, en realidad, ¿se había olvidado Dios de él? En retrospectiva, sabemos en dónde se encontraba Dios durante la agonía de su Hijo. Dios no estaba ausente. Estaba en Jesús, sufriendo el dolor del amor vulnerable.

Cuando me pregunto en dónde está Dios y qué está haciendo en los momentos de mi dolor, una de las respuestas me dice que está dentro de mí y que el dolor lo lastima incluso más que a su débil criatura. Sufre conmigo, quizá para sanar una pequeña esquina de su mundo a través de mí. Quizás él sufre con nosotros al estar trabajando en el despertar de un mundo nuevo en el que la justicia y la paz puedan abrazarse, y en el que el dolor injusto desaparezca para siempre. Este pensamiento me ayuda cuando me pregunto si debo perdonar a Dios.

Creo que Dios perdona

¿Qué es lo que hace Dios cuando la gente mala lastima a la inocente sin ninguna buena razón? Una respuesta es: la perdona.

Recuerdo una conversación entre dos hermanos, Iván y Alyosha, en la novela de Dostoievski *Los hermanos Karamasov*. Iván era un ateo; Alyosha, un creyente. Iván había visto cosas terribles durante su vida, había visto a un niño pequeño servir de alimento a los perros feroces de un terrateniente, mientras sus padres eran forzados a ser testigos. El motivo: el pequeño había tomado una fruta de uno de los árboles del terrateniente. Y mucho más. ¿Cómo podemos creer que Dios permita que la gente mala cometa tales atrocidades con niños inocentes?

Alyosha no tenía respuesta. Sólo podía decir una cosa: "Existe un ser que puede perdonar todo a todos porque derramó su sangre inocente por todos y por todo."

¿Realmente Alyosha le contestó a su hermano? No directamente. Pero, en su lugar, hizo una pregunta mucho más seria que la de Iván: ¿Por qué debes perdonar a Dios cuando es él quien tiene que perdonar a las personas que son responsables del horror?

Algo en mí se inclina hacia la respuesta de Alyosha.

Estas son algunas de las cosas en las que pienso cuando me pregunto en dónde está Dios cuando la gente sufre. Me ayudan a concebirlo como un amigo solidario en el sufrimiento, no como alguien a quien debemos perdonar.

Pero estas reflexiones no solucionan todo. El corazón aún se cuestiona.

Pensar así ayuda a saber que el dolor es una sombra necesaria en el mundo iluminado en el que deseo vivir. ¿Pero tiene que doler tanto? Ayuda a saber que Dios sufre con nosotros cuando nos lastiman injustamente. ¿Pero no podría curarnos un poco más rápido? Es útil saber que

Dios desea perdonar a la gente que nos ha lastimado. ¿Pero no podría impedir que la gente mala hiciera tanto daño?

Creo que, después de todo, quizá necesitemos perdonar a Dios. De vez en cuando. Y no por su propio bien, sino por el nuestro.

Alguna vez, algo que nos sucedió a Doris y a mí me orilló a enfrentarme con el perdón a Dios. Voy a hablar de ello, aunque estoy consciente de que no es tan grave como lo que a muchos otros les pasa; lo menciono porque fue nuestro propio parteaguas, en el que tuvimos que perdonar a Dios.

Doris y yo habíamos planeado tener hijos tan pronto como yo terminara mis estudios. Pero no funcionó. Doris no pudo embarazarse.

Visitamos clínicas de fertilidad en todos los lugares en los que vivimos —en Amsterdam, en Oxford, en Illinois, en Nueva Jersey y en Michigan—. Hicimos el amor siempre que el termómetro nos indicaba que era nuestra oportunidad. Participamos en la nada romántica comedia de la inseminación artificial. Y, mientras tanto, rezamos.

Y, finalmente, Doris se embarazó; un poco tarde, pero lo hizo. Íbamos a tener lo que más deseábamos en el mundo. Pasaron cuatro meses y después otro y otro. Empezó el séptimo mes.

Una noche, alrededor de las diez, mientras yo preparaba galletas con queso en la cocina, Doris gritó mi nombre desde el sofá. Supe instintivamente que algo malo había pasado. En efecto. La bolsa se había roto en el interior de Doris y ella inundaba el sofá con líquido amniótico.

Llamar al doctor. Me las ingenié en el intento de introducir el dedo índice en el disco del teléfono para, finalmente, contactarme con Ed Postma, nuestro ginecólogo, y escuchar las indicaciones menos deseadas.

"Escúchame bien. Sube a Doris al coche y tráela al hospital. Pero necesito decirte algo para que lo sepan antes de llegar: el bebé va a tener una grave malformación."

Envuelta en unas mantas, Doris quedó acomodada —con las piernas en alto— en la parte trasera de nuestra camioneta roja y oxidada.

Le dejé caer la terrible realidad como un espantoso bulto sobre su mente asustada.

Grave malformación.

¿Puedes lidiar con eso? Sí, creo que puedo. ¿Y tú? No lo sé.

El doctor nos esperaba en la sala de emergencias.

Registramos a Doris y la llevamos en silla de ruedas hasta el lugar donde algunas mujeres esperaban su feliz entrada a la maravilla de la maternidad.

Después de varias horas, tiempo suficiente como para digerir lo que nos estaba sucediendo, la frecuencia de sus contracciones nos indicaron que había llegado el momento del parto. Con el terror a cuestas, llegué a una pequeña sala de espera en donde un conductor de camión, diez años menor que yo, esperaba a que su mujer le diera un tercer hijo en perfectas condiciones. "Dios mío, no estoy preparado para esto."

Un par de horas después, Ed Postma entró —vestido de gris y con el tapabocas colgándole todavía bajo la barba— con una sonrisa que, en ese momento, me pareció obscena. Pero sus palabras fueron maravillosas. "El bebé está bien", dijo. "Estábamos equivocados. Todo parece estar bien. Un niño. Ven, echaremos un vistazo."

Lo vi llorar. Fruto de mis entrañas, alma de mi alma, carne de mi carne, pelo de mi pelo; con el cuerpo arrugado y los ojos, nariz y boca amontonados en menos de diez centímetros de una carita rojiza; los dedos pequeñitos dispuestos en puños del tamaño de dos canicas. En ese momento me convertí en lo que quería ser: el padre biológico de un hijo normal.

Regresé a casa con un delirio eufórico que nace de la certeza de ser la persona más afortunada en el mundo. Dormí durante unas cuantas horas, desperté y me dispuse a llamar por teléfono para difundir la buena noticia entre nuestras amistades.

Antes de tener la oportunidad de llamar a nadie, el pediatra me llamó desde el hospital. Supe, por el tono de su voz, que la leche de la misericordia de Dios se estaba agriando. El bebé no respiraba bien. Debía ir.

Conduje hasta el lugar donde sabía que no sucedería un segundo milagro.

Mientras Doris seguía en el hospital, enterré al bebé. Doris nunca tuvo la oportunidad de ver cómo era. Ella lo entregó vivo al mundo mientras yo esperaba afuera, y yo lo entregué muerto a la tierra mientras ella esperaba adentro.

Entonces, empecé a sentir el dolor. La herida consistía en la pérdida de aquello que había esperado durante mucho tiempo y deseado como nada más en el mundo. Pero es también el humor negro de la maldad el que nos enloquece de dolor. ¿Por qué, después de la noche de preparación para amar a un niño malformado; por qué, después de la sorpresa que incluso los doctores llamaron milagro; por qué, hecho el milagro, la culminación era la muerte? Me sentí como el blanco de una cruel broma divina.

¿Terminaría odiando a Dios? Sabía que nunca tendría el valor para asumir mi odio de frente, donde Dios pudiera verlo. Desviaría mi odio, como Jeremías, hacia la vida.

Pero nos curamos mucho más rápido de lo que pensamos. No estaba consciente de ello entonces, pero ahora sé que lo que hicimos para lograrlo fue algo parecido al acto de perdonar a Dios.

Nos apoyamos el uno con el otro para darnos fuerza; y pronto empezamos a tener una extraña sensación de bondad en nuestra vida, a pesar de este suceso triste que había llegado a nosotros en una noche cruel, cuando sentimos tener el derecho a algo muy bueno. El sentimiento vino a nosotros; no llegamos a él a la manera de un pensador que encuentra la respuesta a un problema intelectual. Nos sentamos en nuestra cama y lloramos juntos, cuestionamos, amamos, nos lamentamos y, en nuestra completa soledad, difícilmente podíamos pensar con lucidez.

Juntos sentimos, nunca imaginando si a alguno de los dos le dolía más que al otro, sólo sentimos que estábamos juntos en nuestro pesar y nuestro vacío y nuestra confusión. Y eso fue bueno. ¡Nuestra vida fue buena en nuestro dolor *compartido!*

En nuestra extraña euforia sobre la bondad de la vida, sentí a Dios nuevamente como el dador, no como el que quita la vida; como el Dios que reconozco en el Jesús que sufrió. No un dios que nos hace sufrir sin sentido alguno.

Supe que no podría sentir esta bondad y, a la vez, pensar que Dios nos había arrebatado a nuestro hijo. Supe que mi mente por siempre diría "no entiendo" cuando mi corazón preguntara la razón por la que los bebés mueren. Escuché a mi corazón decir que Dios estaba con nosotros, "muriendo" un poco junto con nuestro bebé.

Actualmente, no entiendo más que en ese entonces cómo Dios estuvo involucrado en el juego demencial en el que Doris y yo tuvimos que participar esa noche de marzo. Pero estoy seguro de que nunca lo culparé de habernos abandonado.

¿Perdoné a Dios? De algún modo supongo que lo hice.

Pero hay una diferencia entre perdonar a Dios y perdonar a un enemigo. Cuando perdonamos a nuestros enemigos, éstos pueden permanecer como tales incluso después de haberlos perdonado. Cuando perdonamos a Dios, nos quedamos en el silencio, buscamos la bondad de la vida y creemos que, a pesar de todo, Él sigue siendo nuestro amigo.

Tercera parte

CÓMO PERDONAR

El perdón es el acto revolucionario del amor contra la injusticia de la vida. Cuando perdonamos, transgredimos las leyes normales que nos orillan a saldar cuentas y, mediante la alquimia del amor, nos liberamos de nuestro pasado doloroso.

Sobrevolamos una moralidad que paga lo necesario para crear un nuevo futuro a partir de la injusticia del pasado. Nos liberamos del daño que se encuentra preso en nuestra historia particular; desencadenamos nuestro espíritu de la maldad y, quizá, si tenemos suerte, restauramos una relación que, de otra manera, estaría perdida para siempre.

Sin embargo, el perdón es un milagro que pocos podemos realizar. Nunca hay que subestimar la demanda que exige el perdón del humilde poder de amar de una persona ordinaria. Algunos escépticos al atestiguar el perdón de Jesús, lo desafiaron: "¿Quién, si no Dios, puede perdonar los pecados?" El novelista inglés Charles Williams, observó que el perdón es en realidad un juego; sólo podemos jugar en torno a él, pues esencialmente no podemos lograrlo.

Nadie parece haber nacido con suficiente talento para perdonar. Todos necesitamos aprender desde el principio y el aprendizaje del perdón generalmente va en contra de nuestra naturaleza.

Podemos hablar sobre el perdón siempre y cuando sea alguien más quien necesite darlo, pero pocos son los que tienen el corazón para ejercerlo cuando se encuentran heridos por la crueldad de otros.

Sin embargo, las personas *sí* perdonan —la gente común, no hablo de santos— y se curan de dolores terribles.

Los invito a ser testigos de cómo la gente común ejercita sus propias formas de perdón. No tienen que ser las mismas para todos, no en sus mínimos detalles. Pero puede ser útil observar cómo lo hacen los demás. No hay que esperar trucos o técnicas, sino señales e indicios. Hay que recordar que nadie ha dicho que se trata de un asunto fácil.

CAPÍTULO 11

Lentamente

Toma tiempo. Para algunos, mucho tiempo. A veces se lucha tanto tiempo que nos es imposible recordar el momento en el que, finalmente, lo hicimos; simplemente nos despertamos un día y, al pensar en aquellos a los que queremos perdonar, nos sorprendemos al darnos cuenta de que ya lo estamos haciendo. Lo sabemos porque nos descubrimos deseándoles el bien.

De niño, C.S. Lewis, un novelista inglés que escribió maravillosos cuentos fantásticos infantiles, fue herido gravemente por un hombre cruel que se ganaba la vida como maestro en una escuela pública. Este sádico convertía la vida de sus alumnos en un infierno. Lewis no pudo perdonar a este maestro —no durante la mayor parte de su vida— y fracasar en el arte de perdonar lo conflictuaba. Pero no mucho tiempo antes de morir, quizás tan sólo unos meses, le escribió una carta a una amiga estadounidense.

Querida Mary:

... Quiero decirte que hace tan sólo unas semanas me di cuenta, de repente, que finalmente había perdonado a ese maestro cruel que oscureció mi infancia. Lo había intentando durante años y, como tú, cada vez que creía haberlo logrado, descubría, después de una semana, que tenía que intentarlo todo nuevamente. Pero esta vez estoy seguro de que lo conseguí...

Tuyo,
Jack

Sin duda lo había conseguido. Pero quizá, si no hubiera muerto, Lewis habría tenido que hacerlo unas cuantas veces más. El hábito del odio es difícil de romper —más difícil que cualquiera, creo—. Y, como hacemos con otros hábitos malos, generalmente tratamos romperlos muchas veces antes de deshacernos por completo de ellos.

Hace poco me reuní con dos viejos amigos para conmemorar el trigésimo aniversario de una gran derrota académica. Eran héroes de su generación, profesores en el seminario del cual fui estudiante. Solíamos verlos, en aquel tiempo, como hombres jóvenes con un sueño, inyectando una nueva visión al cansado cuerpo académico. Otros más los vieron como amenaza a la gran tradición ortodoxa. Así es que, mientras el mundo exterior no sabía ni tenía interés en el asunto, se inició una lucha por el intelecto y el corazón de esa escuela.

Una batalla típica entre la vitalidad de los estudiantes y el *rigor mortis* académico. El *rigor mortis* ganó. Mis amigos fueron despedidos. ¡Y profundamente lastimados! Siempre dignos y, sin embargo, en la calle.

Treinta años después, formulé la pregunta que creí digna de hacerles a mis viejos maestros: "¿Han podido perdonar a la gente que los despidió?"

Uno de ellos contestó: "Ahora que lo mencionas, yo los he estado perdonando durante mucho tiempo. Poco a poco me fui dando cuenta de que yo necesitaba del perdón tanto como ellos. Aún más, de manera gradual pude percibir que los otros hombres eran tan luminosos y tan oscuros como yo. Así es que hace como diez años me descubrí deseándoles el bien. Nunca nos hicimos amigos, pero si nuestra situación hubiese sido diferente, quizá lo habríamos hecho, podríamos haberlo sido. Así es que supongo que he perdonado, y creo que me han perdonado. Tardé un largo tiempo, tal vez demasiado, pero me siento contento de haberlo logrado."

La profundidad del dolor es proporcional al tiempo que toma perdonar. Las heridas menores pueden ser tratadas rápidamente. Pero cuando tu interior ha sido mutilado, prepárate para un proceso largo.

A veces lo hacemos tan despacio que cruzamos la frontera sin darnos cuenta, así como los niños pasan a la edad adulta sin saber en qué momento sucedió.

A veces, la sensación es la de deslizarse en el proceso del perdón y difícilmente notamos cuándo empezamos a movernos o cuándo llegamos. Después de intentar infructuosamente, aparece la sensación de que en algún punto a lo largo del camino cruzamos la frontera entre el odio y el perdón.

Es importante tomar la decisión al principio del proceso para echarlo a andar.

Recuerdo un odio delicioso —lo probé hace más o menos un año— que seguramente estaría todavía saboreando si no hubiera tomado la firme decisión de escupirlo. Permítanme contarlo.

Un cálido día de junio, a mediodía, un policía en nuestro pueblo de Sierra Madre, celoso de mantener bajo control el consumo de mariguana, trató brutalmente a mi hijo menor, John, frente a mi propia casa. El policía era gigantesco: aproximadamente 120 kilos de vigoroso hombre del deber, y aventó toda su violenta corpulencia sobre mi delgado hijo de 70 kilos que, cosa desconocida por el oficial, tenía una afección en el hígado que convertía el contacto físico rudo en peligro de muerte. En cualquier caso, el policía maltrató excesivamente a John y después lo acusó de resistencia a la ley.

El cargo fue rápidamente retirado.

Pero yo no pude hacer lo mismo con mi amargura. Llevé mi enojo hasta el ayuntamiento con la firme determinación de conseguirle al policía una reprimenda para ayudar a controlar el ejercicio de fuerza bruta. Ofrecí declaraciones de testigos. Pero el jefe de policía en nuestro pacífico pueblo no tenía el ánimo para juzgar a los suyos. Dijo que estudiaría el asunto, pero nunca obtuve una respuesta para creer que lo hizo. Caso cerrado.

Hice un tango de rabia durante varios días, y las notas azules del enojo gradualmente crecieron hasta convertirse en las agudas del odio. Me controlé lo suficiente como para no dañar tangiblemente a nadie, pero odié, pasivamente al menos; no tenía un gramo de energía para desearle el bien al cuerpo de policía de Sierra Madre.

Mi odio casi se convirtió en una adicción; el virus me infectó y contagié a la gente cercana. Gracias a un sermón que debía dar sobre la gracia de Dios en una iglesia presbiteriana en Burbank, pude convertir mi odio en una crisis espiritual.

Antes de que llegara el domingo, le confesé mis sentimientos a una buena amiga, esperando que su indignación femenina se sumara a mi mala voluntad masculina; creí que juntos cantaríamos un lastimoso dueto de rabia.

Pero, en lugar de eso, me dijo: "¿Por qué no practicas lo que pregonas?"

Me atrapó.

Tuve que decidir en ese momento si quería liberarme de mi odio antes de convertirlo en un hábito. Así es que lo hice. Me deshice del odio.

¿Pero cómo pude lograrlo en ese instante? Intenté una técnica a la cual toda mi naturaleza se resistía. Pensé en la manera en que un sacerdote da absolución instantánea a un pecador en el confesionario. Y decidí dársela al policía. No era mi estilo. Me gusta tomarme mi tiempo para resolver mis crisis espirituales. Pero lo intenté.

"Oficial Milando, en el nombre de Dios, lo perdono. *Absolvo te* —vaya en paz—." Lo dije en voz alta, al menos seis veces.

Y bien, funcionó lo suficiente como para echarme a andar. Sentí que mi odio se reducía un par de centímetros. Y estaba en camino.

Un inicio. Todavía no lo soluciono por completo. Pero pienso que elegir tajantemente el perdón era lo que necesitaba para empezar a moverme.

Para algunas personas una decisión definitiva es suficiente. Para la mayoría de nosotros, es sólo el comienzo de un largo viaje.

CAPÍTULO 12

Con un poco de comprensión

Un poco de comprensión facilita en gran medida el proceso del perdón. Es claro que si entendemos *todo* no es necesario perdonar. Pero entender un *poco* ayuda cuando el perdón parece muy difícil.

Al ser lastimados, lo primero que sucede es que nos cegamos por el dolor. Siempre hay algo más que, al encontrarnos con el dolor, se nos escapa; el verlo toma tiempo. E incluso más el entenderlo.

A veces, entender *algo* de lo que pasa en el interior de la persona durante el momento de lastimarnos facilita un poco las cosas, aunque todavía tengamos que arar con las manos la gruesa capa de dolor y odio que cargamos.

Aunque hay que irse con cuidado; no vamos a entender por *completo.* Aquellos que nos han herido no tenían por qué hacerlo; pudieron haber actuado de manera diferente. En ese sentido, el misterio nunca será aclarado; es casi imposible llegar a entender cómo se *opta* por escoger el mal.

Pero si logramos comprender lo que pudo haber influido para que actuaran así, y entender un poco la manera en que nos han herido, daremos el primer paso hacia el perdón.

Para mí, la persona más difícil de perdonar en mi vida fue la señora Broutmeier. La señora Broutmeier vivía en una casa amarilla de madera frente a la pequeña casa que mi padre había construido con sus propias manos para que viviéramos, justo antes de que yo naciera. Esta mujer fue increíblemente cruel con mi madre y su recuerdo me ha perseguido durante años.

Tan pronto como se casaron, mis padres viajaron en la tercera clase de un barco a Estados Unidos desde Friesland, una provincia en el norte de Holanda. Mi padre vivió lo suficiente como para ver el nacimiento de cinco hijos y construir su propia casa en la avenida Amity, en Muskegon, Michigan. Después murió, con tan sólo treinta y tres años de edad, casi paralizado. Fui el último de los cinco.

Abandonada, con pocas habilidades y sin dinero, mi madre, para alimentarnos y vestirnos, trabajó limpiando casas y lavando ropa ajena en una lavadora de segunda que se descomponía con frecuencia.

En Amity, cada casa tenía un maple maravilloso en la entrada; demasiado altos para treparlos, proporcionaban una sombra suficiente como para sentarse en el columpio de madera que colgaba del techo de cada pórtico. Nuestras casas eran todas perpendiculares a la calle, nada de construcciones irregulares: la sala al frente y la cocina en la parte posterior, con el comedor entre los dos espacios. Se hubiera podido disparar desde la cocina y la bala habría llegado hasta la entrada, sin pegarle a ningún objeto. Algunas veces, si habían sido construidas con exactitud, la mirada —desde la puerta posterior de la casa— podía llegar hasta la casa que estaba del otro lado de la calle. Las casas se veían las unas a las otras, ventana a ventana, como jugadores de póker enfrentados.

Pupila a pupila, nuestra casa y la de la señora Broutmeier se veían.

Debo explicar que los Broutmeier eran nuestros "superiores". Lo que los hacía mejores era el trabajo estable del señor. Esto permitía que su esposa se quedara en casa y mantuviera limpias las narices de sus hijos (el hecho de que las madres no permitieran que los hijos trajeran sucia la nariz los hacía niños de clase alta en nuestro vecindario). Pero su superioridad radicaba básicamente en un factor de acento; hablaban inglés como verdaderos estadounidenses. Era gente de segunda generación, conocían el lugar, sabían cómo vivir y, más que nada, sabían cómo hablar.

La señora Broutmeier, en toda la superioridad de estadounidense genuina, se convirtió en un monstruo ante mis ojos. Junto con la vecina de al lado, establecieron una CIA para vigilar los actos subversivos en nuestra casa. Ella y su compañera echaban un volado cada día para ver quién iría a notificarle a mi madre, cuando regresara de trabajar, las delincuencias de sus hijos descuidados.

Una vez, ambas cruzaron la calle para, con buena intención, aconsejarle a mi madre que diera a sus dos hijos pequeños —mi hermano Wesley y yo— en adopción. La razón: mi madre carecía de dinero y de sentido común para cuidarnos de manera apropiada. Recuerdo que una vez se me notificó que la señora Broutmeier había decretado que no debía cruzar la calle para jugar con sus hijos; fui exiliado a la parte norte de la calle por mi sucia nariz. Nos pareció, de hecho, que los Broutmeier nos habían cercado.

La señora Broutmeier y su confederada llevaron su norteamericanismo hasta el terreno moral; avergonzaron a mi madre hasta el punto de extenuarla. La hicieron sentir que permitir la muerte prematura de su esposo había sido algo vergonzoso y dirigirse a los verdaderos estadounidenses con un acento extranjero, un acto inmoral.

Pero mi madre hundió su vergüenza en una taza de heroica furia. En lo profundo, en donde el regalo divino de dignidad yacía en su alma, ardía. Era una diosa con fuego en sus entrañas.

Un sábado por la noche, como si la vida hubiera atado todo el cansancio de los seis días de trabajo en un paquete para darle un golpe final —la más reciente cachetada de la Broutmeier sobre uno de sus hijos—, abrió la válvula de escape de su furia.

Estábamos los seis en la cocina, esperando que terminara de cocerse una olla de frijoles, cuando, conducida por las furias internas, dejó la estufa y caminó, con la cabeza baja, rubicunda, los puños apretados, a través del comedor, la sala y la puerta. Con los cordeles del delantal revoloteando detrás de ella, acechó hasta llegar a la puerta de la Broutmeier para poner en su sitio al monstruo. El ejército celestial no tuvo oportunidad de detenerla.

Los cinco nos amontonamos junto a nuestra ventana; podíamos verlo todo desde ahí.

Golpeó la puerta y, cuando la señora Broutmeier la entreabrió, mi madre la empujó para entrar a la guarida del demonio. Con la cara encendida, los ojos desbordándose de lágrimas, el dedo levantado ante la mirada sorprendida de la señora Broutmeier, la viuda de Smedes defendió vigorosamente a su amada descendencia.

La señora Broutmeier se replegó hasta el comedor y, ahí, tomó una posición de defensa del otro lado de la mesa redonda de roble con el juego de té holandés en el centro. Mi madre utilizó la mesa como púlpito, pegándole con el puño mientras entregaba su furiosa e inspirada, aunque no registrada, profecía en contra de la Broutmeier y a favor de sus propios hijos. La señora Broutmeier balbució algo sobre llamar a la policía y sobre un ataque de una mujer enloquecida.

La palabra "enloquecida" pareció devolver a mi madre a sus humillados sentidos. ¿Estaba loca? Quizá sí. No lo sabía. Si estaba loca, había aún más que añadir a su vergüenza. Era mejor irse, por si acaso. Se fue por la puerta principal.

Caminó, con la cabeza todavía baja, la cara blanca ahora, a través de Amity y nuestro pórtico, y de la sala, junto a sus hijos amontonados en la ventana; no nos vio, no nos dijo nada; caminó a través del comedor y la cocina hasta llegar al baño y vomitar. Entonces, lloró. No recuerdo cuándo salió o lo que dijo cuando lo hizo.

Lo que sí recuerdo es que estábamos seguros de que la señora Broutmeier nos había liquidado. Nuestra taza de vergüenza rebosaba. Nunca volveríamos a tener un amigo en el vecindario.

Crecí odiando a la señora Broutmeier. Quería que su casa se incendiara, que sus hijos reprobaran en la escuela y que tuviera un sinfín de problemas. Quería que toda la familia se fuera al infierno. Mi infantil taza de odio agresivo se desbordaba.

¿La he perdonado?

Todavía estoy en el proceso. Disfruté mi odio demasiado tiempo, pero empecé a curarme y voy adelantado en el camino.

Sin embargo, nunca hubiera podido perdonarla si no hubiera tratado de comprenderla.

Aprendí algo sobre la gente nacida en Estados Unidos de padres extranjeros. Los Broutmeier eran inmigrantes de segunda generación, con problemas de segunda generación; se sentían de segunda clase con respecto a los estadounidenses de tercera generación, sus "superiores", los americanos "verdaderos". Aprendí cómo una mujer ignorante con orgullo y ambición, nos veía como a un estanque de inferiores en cuyo reflejo podía contemplarse a sí misma como un ser casi igual a sus propios superiores. Entendí que nuestra "inferioridad" era el banquillo en el que se subía para elevarse al nivel de las personas que giraban por encima de ella. Resumiendo, la llegué a ver como a una persona débil, necesitada —e incluso decente en algunos aspectos— que utilizaba la crueldad como una manera de solucionar su propio conflicto.

Pero no lo entiendo todo. No comprendo cómo la señora Broutmeier podía elegir libremente ser cruel. No la conducían los demonios ni era una enviada del destino para hacerle la vida miserable a mi madre. Así es que aunque entiendo algunas de las circunstancias, ciertos aspectos sobre su crueldad se me van de las manos. Ella *eligió* libremente lastimar a una mujer decente; una vecina que necesitaba desesperadamente a una amiga, y esta elección nunca podrá ser entendida por mí completamente.

Entender a tus enemigos ayuda a darles su justa dimensión. Cuando sentimos por primera vez el dolor crudo de un asalto injusto, dibujamos una caricatura hinchada de la persona, duplicamos su tamaño, su poder y su maldad; la concebimos de esencia podrida.

Algo que también ayuda es *entendernos* a nosotros mismos un poco mejor, como lo ejemplifica la siguiente historia.

Una noche, justo después de que el programa de Walter Cronkite había terminado, el esposo de Lena Brusbeck, Ben, anunció que estaba enamorado de una mujer que tenía la mitad de su edad, que lo había estado durante tres años y que quería casarse con ella.

¿Qué? ¿Durante tres años? Tres años que Lena había dormido junto a él, lo había cuidado, protegido de sus padres entrometidos, había ordenado sus horarios, lo había hecho llegar a tiempo al trabajo, lo había hecho verse y oler bien y, en general, había enderezado el camino para que Ben y su amante pudieran estar juntos. ¿Durante esos tres años?

La gran virtud de Lena fue su propia anulación. Ella confió; él traicionó. Ella dio; él arrebató. Ella fue veraz; él fue un mentiroso. Ella fue fiel; él fue desleal. Su único error fue la ciega pureza de su amor. La virtud la convirtió en un ser servil.

Segura de que cualquier juez sería capaz de ver lo justo de su acusación, Lena contrató a un abogado y demandó a su esposo. Pero Ben se consiguió al mismo defensor del demonio, quien hizo atravesar a Lena, desnuda a través del alambre de púas de su interrogatorio, y distorsionó sus palabras en un testimonio en contra de sí misma. Ella se perfiló como la culpable de dientes afilados, mientras Ben lo hizo como la inocente víctima.

Pero mientras peor la hacía aparecer el abogado, Lena se sentía más pura.

Lena se pasó los siguientes tres años flagelando su alma con las escenas repetidas del golpe de Ben sobre su inocente devoción. Sentía su propia rectitud lo suficientemente insegura como para arriesgarse a pedir consejo psicológico por su malicia. En su lugar, su odio fue debilitado. Conforme fue teniendo una nueva percepción de su interior, el amargo placer de su odio se vino abajo. La esencia del asunto es que Lena empezó a verse a sí misma como un ángel deslucido.

Ben no la engañó; ella se engañó a sí misma. Realmente, ella lo había sabido todo el tiempo, pero no se atrevía a admitirlo ante sí misma. La verdad dolía demasiado, así es que negó la más clara evidencia. Usó las anteojeras de su propio miedo, más cobarde que tontamente. Lo que la hizo abrir los ojos por primera vez fue la percepción de su deshonestidad consigo misma.

También llegó a ver que no había sido la amante generosa que pensaba. Lo que realmente quería, más que a Ben, era su propia seguridad, y contaba con el compromiso de Ben para obtenerla. Apostó todo por la moralidad de su esposo. Ben era la clase de individuo que permanecería. Todo lo que ella necesitaba hacer era recordarle cómo ser un buen chico y lo tendría en donde quisiera.

Cuando pudo verse como realmente era —con sus virtudes y sus defectos— Lena abrió la puerta para darle entrada al perdón.

La autocomprensión redujo el acto del perdón a un milagro menor que incluso ella pudo manejar. Se descubrió a sí misma deseándole el bien a Ben, y se sintió con mayor libertad para actuar de manera más honesta en las próximas ocasiones.

Con un poco más de tiempo y con un poco más de percepción, empezamos a ver a nuestros enemigos y a nosotros mismos bajo perfiles más humildes. En realidad no somos tan inocentes como lo creímos al ser lastimados. Y, generalmente, no es un monstruo gigante ese al que tenemos que perdonar, sino un débil, necesitado y un tanto estúpido ser humano.

Cuando podemos ver tanto en el enemigo como en nosotros mismos la humanidad —absurda y débil— que compartimos, facilitamos el milagro del perdón.

CAPÍTULO 13

Confusamente

El perdón es el arte más elevado de la sabiduría; sin embargo, la mayoría de los que lidiamos con él somos torpes y embusteros. Generalmente, nos movemos hacia el perdón por las contracorrientes de nuestra confusión.

No somos completamente responsables de nuestra confusión. El material con el que trabajamos usualmente es un desorden. Lo que sucedió, con frecuencia, se nos presenta indefinido, difuso. ¿Quién le hizo qué a quién? ¿Qué tan grave fue lo que sucedió?

Es verdad, en el núcleo de cada distanciamiento, siempre hay una persona que lastimó a otra. El malo lastima al bueno. Pero enredada alrededor del dolor injusto, generalmente encontramos una madeja de heridas y odios casi imposible de desenredar.

También nos vemos atrapados en un pantano *emocional*. Esperar que dos personas cautivas en un odio mutuo sean capaces de clasificar sus dolores, es como pedirle a un niño que calcule la deuda nacional. Por lo general tenemos que caminar hacia el perdón a través de marañas de sentimientos y malentendidos.

Sólo para demostrar cómo las personas decentes pueden vacilar durante el camino hacia el perdón a causa de los obstáculos de su confusión, contaré un pequeño drama en el que yo tuve un papel principal, aunque bastante ridículo.

Había conseguido mi primer trabajo en otra ciudad en la que no tenía amigos, y me sentía bastante inseguro sobre mis posibilidades de progresar. Conocía solamente a dos personas en la ciudad, Ted y Doreen, viejos conocidos de quienes esperaba una amistad instantánea. En realidad, así necesitaba que fuera.

Ted y Doreen nos ayudaron a Doris y a mí tan pronto como llegamos. Doris entraba al hospital justo cuando yo empezaba mi trabajo, y los niños a veces necesitaban ir a algún lugar después de la escuela. Doreen se ofreció generosa y cálidamente. Íbamos rumbo al camino de la amistad o, por lo menos, eso pensaba.

Entonces, silenciosa pero decididamente, Doreen cerró la puerta. ¡Congeló la amistad! ¡Una privación de la calidez!

¿Qué hice? ¿Cómo los ofendí? Acudí a Ted

"Dime lo que hice para lastimar a Doreen."

"No preguntes. Deja las cosas como están."

Pero no podía dejar las cosas como estaban. Necesitaba aclarar la situación; me convertí en un penitente compulsivo. Volví a preguntar para obtener como respuesta el mismo silencio.

Le escribí una carta a Doreen, lamentándome por cualquier dolor que hubiera podido causar, pidiendo perdón.

Ninguna respuesta. Yo había dejado de existir.

Ahora era mi turno. Estaba herido y mi dolor rápidamente se transformó en odio. Dejé de actuar como el ser degradado que había cometido un error para transformarme en la víctima adolorida; Doreen me estaba lastimando. Y admito que la amargura del resentimiento sabía mejor en mi boca que la rancia penitencia.

Pero la situación era confusa.

¿Quién necesitaba perdonar y quién necesitaba ser perdonado? Y si ambos necesitábamos perdonar *y* ser perdonados, ¿quién tenía preferencia? ¿Podríamos llegar a aclararlo?

Es increíble que personas inteligentes lleguen a ser lo suficientemente estúpidas como para hacer de un grano de arena una montaña, que solamente puede ser escalada por los que se han liberado a través del perdón.

El perdón llegó. Hizo su aparición torpe y escasamente, goteando desde el drenaje de nuestro mutuo resentimiento, pero llegó finalmente.

Doreen y yo caminamos hacia el perdón *al hacer tres cambios en nuestros sentimientos* durante el distanciamiento.

Primero, *redujimos nuestras apuestas*. En la primera etapa de nuestro alejamiento, invertimos una masiva carga emocional en ofensas triviales. Subastamos nuestra autoestima. Inflamos las apuestas más allá de su valor real. Pero el tiempo, el olvidado colega del amor, nos dio la oportunidad de reducir nuestras inversiones.

Después de todo, ¿qué había hecho Doreen? ¿Y qué había hecho yo? Probablemente, no mucho; el impacto de nuestros sentimientos sencillamente no concordaba con el peso de las ofensas. Así es que dejamos que nuestros errores recuperaran su tamaño real, lo que provocó que el dolor y el odio también se redujeran.

En segundo lugar, *nuestras expectativas del perdón se modificaron*. De hecho, ni Doreen ni yo queríamos seguir siendo amigos íntimos. Todo lo que queríamos era un poco de buena voluntad y respeto. Al entender que *no* necesitábamos una amistad profunda después del perdón, que no teníamos que acercarnos de la manera en que yo lo había querido anteriormente, nuestros resentimientos se retiraron como agua absorbida por la tierra. El perdón ya no era una amenaza; podíamos perdonar sin sentir la obligación de abrazarnos como dos buenos amigos. Sentirnos cómodos en el mismo cuarto, en la misma mesa, en la misma fiesta, era suficiente para nosotros.

Y, por último, *dejamos de desear un desempate.* Dejamos de llevar un registro de la cantidad de heridas y su profundidad. Aprendimos a dejar los cabos sueltos y a las escalas fuera de balance, aprendimos a aceptar un resultado en el que ninguno de los dos saliera ganador.

El perdón completo no fue de un día para otro. Llegó gradualmente, con un encuentro inesperado por aquí, un gesto por allá, el intercambio de un saludo y la insinuación de que empezaban a fluir mejores sentimientos. Caminamos con dificultad hacia el perdón.

No fue el triunfo del arte del perdón. Pero la curación generalmente llega sobre las alas de lo trivial. Y el final no siempre es un éxtasis. Vamos a las mismas fiestas y nos sentimos bien al desearnos Feliz Navidad. A veces, las pequeñas caridades son suficientemente amorosas.

No tenemos que ser virtuosos para que el juego del perdón funcione.

CAPÍTULO 14

Con residuos de enojo

¿Hay enojo después de perdonar?

Generalmente, sí. No se puede evitar.

Algunas personas creen que no deben sentir enojo en sus corazones una vez que han perdonado.

No estoy de acuerdo. Pienso que el enojo y el perdón pueden convivir dentro del mismo corazón. No somos un fracaso en el perdón sólo porque todavía nos sentimos enojados por haber sufrido un agravio doloroso.

Es poco realista esperar que un solo acto desvanezca los sentimientos acumulados durante un largo tiempo.

El enojo es el poder ejecutivo de la dignidad humana. Si no nos enojamos y no permanecemos enojados cuando algo malo nos pasa, perdemos parte de nuestra humanidad.

Hay que recordar que no podemos borrar el pasado, sólo curar el dolor que ha dejado.

Cuando alguien nos lastima, el agravio se convierte en una realidad indestructible de nuestras vidas. Cuando perdonamos, curamos el odio hacia la persona que creó esa realidad. Pero no podemos cambiar los hechos, así como tampoco deshacer todas las consecuencias. Los muertos permanecen muertos; los heridos generalmente permanecen con lesiones. La realidad del mal y su daño a los seres humanos no se deshace mágicamente y nos puede seguir enloqueciendo.

Un hombre no *olvida* que su padre abusó de él cuando era niño. Una mujer no *olvida* que su jefe le mintió sobre su futuro en la compañía. No *olvidamos* que una persona a la que dimos nuestro amor tomó ventaja y nos abandonó cuando la relación ya no era productiva. Me atrevo a decir que Jesús no ha olvidado que un hombre llamado Judas lo traicionó. Y los sobrevivientes del holocausto no olvidan el infierno de esa experiencia.

Y cuando recordamos lo que nos ha acontecido, ¿cómo hacerlo sin enojo?

¿Podemos voltear la mirada hacia el doloroso momento —o dolorosos años— sin el deseo apasionado, furioso e hiriente de que eso jamás hubiera pasado? Algunas personas quizá puedan hacerlo. Pero no creo que se deba esperar una plácida fuga de recuerdos terribles. Podemos seguir enojados, sin odiar.

Una vez que empezamos nuestro viaje hacia el perdón, la pasión por la mala voluntad disminuye. La mala voluntad desaparece, pero el enojo se queda. Cuando el perdón inicia su trabajo liberador, la mala voluntad —que alguna vez resplandeció como la flama blanca de una antorcha de acetileno— empieza a apagarse.

Poco a poco un hombre se descubre deseándole el bien a la ex esposa en su nuevo matrimonio. Un padre se sorprende al desear desesperadamente que su hija rebelde sea feliz. Deseamos la bendición sobre la humanidad frágil de la persona que nos lastimó, incluso si fuimos lastimados injusta y profundamente.

¿Qué acontece? La mala voluntad se desvanece gradualmente, al igual que, lentamente, nos deja de punzar la cabeza después de haber tomado tres aspirinas. Sentimos enojo sin mala voluntad. Este es un signo inequívoco de que nuestro perdón es real.

El enojo sin la mala voluntad nos da esperanza. La mala voluntad, sin ser aliviada, gradualmente nos asfixia. Pero el enojo puede estimularnos a prevenir que el mal se repita. La mala voluntad mantiene vivo el odio y se pudre dentro de nuestros sentimientos, el enojo nos incita —esperanzadoramente— hacia un futuro mejor.

Hay tres cosas que se pueden hacer para drenar el veneno de la mala voluntad, al tiempo de usar la energía del enojo. Puede valer la pena intentarlas.

Primero, *expresa la mala voluntad*. Sé específico, delimita el objeto de tu furia. Permitir que la mala voluntad supure como una pústula infectada de miseria no dirigida, no ayuda en nada. Y tampoco ayuda echársela a la gente. Pero necesitas expresárselo a alguien que te ayude a deshacerte de ella. Puedes confesárselo en secreto a Dios, o a alguien que, ante tus ojos, represente a Dios.

Entonces, puedes *permitir que Dios maneje* a esas personas a las que, en tu odio, quisieras maltratar. Si necesitan aprender algo, permite que Dios sea el maestro. Si necesitan ser rescatadas de su propia estupidez, que Dios los rescate. Si necesitan salvarse de su propia y demente maldad, que Dios los salve. Lo que tú necesitas es *curarte* de la infección de mala voluntad que permanece como residuo de las heridas abiertas que esas personas dejaron en tu vida.

Finalmente, puedes *intentar rezar* por la paz de la persona a la que odias.

Si lo haces, quizá descubras otro secreto del perdón; no necesitas ahogar tu enojo, sólo tienes que renunciar a tu mala voluntad por *tu* propio bien. La mala voluntad es desdicha que necesita ser curada. El enojo es energía que necesita dirección. Después de la mala voluntad, deja que el enojo haga su trabajo reformador. El perdón y el enojo pueden ser socios para una buena causa.

CAPÍTULO 15

Gradualmente

Perdonar por completo es pedir demasiado. No hace mucho tiempo, un hombre llamado Arthur Fram vino hasta mí buscando una manera de perdonar a su hija Becky, una joven frágil de veintiún años de edad que había estado sufriendo depresiones serias desde hacía dos años.

Becky se quedaba en cama hasta el mediodía y el resto del tiempo se acostaba en el sofá enfrente de la televisión viendo telenovelas y repeticiones de programas antiguos. Se paraba de vez en cuando durante los comerciales, pero sólo para atascarse de comida chatarra.

Pero había más. Becky se comportaba arisca y displicente con el que se atreviera a acercarse para compartir la televisión. Cuando Arthur le ofreció ayuda, ella le gruñó como un leopardo acorralado. Si con mucho tacto alguien le sugería terapia psicológica, ella desafiaba al que la acusaba de estar loca.

De esta manera, Becky desplegó una gruesa manta de furia y resentimiento, envolviendo con ella a toda la familia.

Necesitaba ayuda, mucha, y pronto.

Pero también Arthur. Se sentía indignado por el rechazo furioso de Becky hacia su sufrido amor. Debido a que ella escupía veneno como agradecimiento al cuidado paterno, Arthur enrolló una serpiente de rencor alrededor de su corazón. Se sentía engañado y no podía desquitarse.

¿Por qué tenía *él* una hija que había llegado a la mayoría de edad justo a tiempo para odiarlo con una viciosa pasión? ¿Por qué debía explicarle a sus amigos exitosos, quienes presumían a sus también exitosos hijos, la razón por la cual su hija no hacía nada creativo con su vida? ¿Por qué *su* hija le jugaba sucio?

¿De quién era la culpa? Arthur sentía que era de él. En algún lugar, de alguna forma, él debió de haber fallado como padre. Pero reprimió su sentimiento; no estaba dispuesto a aceptar su responsabilidad. "De ninguna manera voy a cargar con la culpa", se decía a sí mismo treinta veces al día.

Pero la cargó. Y su enojo contra Becky fue doble por ser ella la razón de su enorme sentimiento de culpa cuando, en otro lugar de su mente, se sabía inocente.

Entonces, me escuchó hablar del perdón como un camino hacia la curación. Se preguntó si se había tropezado con un remedio rápido para el dolor de su corazón.

Quería saber cómo perdonar a Becky.

"¿Para qué la quieres perdonar?", le pregunté. "¿La quieres perdonar por sufrir tanto? ¿La quieres perdonar por odiarse a sí misma? ¿Por condenarse día y noche debido al dolor que sabe que te está causando? ¿La quieres perdonar por ser sujeto de depresión?

"¿Becky debe ser perdonada por decepcionarte al no ser la clase de joven que necesitas para impresionar a tus amigos exitosos?"

Arthur estaba impactado. Era como si hubiese ido al doctor a buscar ayuda y éste lo hubiera asaltado. Pero yo estaba con él y reconocía mucho de mí mismo en Arthur como para permitir que se saliera con la suya utilizando un buen argumento.

Arthur intentaba usar el perdón como un remedio rápido y barato para el dolor. El perdón no puede aliviar nuestros resentimientos narcisistas contra toda la gente que no cumple nuestras expectativas. Nadie puede perdonar a la gente por ser lo que es. El perdón no fue inventado para tan injusta maniobra.

Arthur puede perdonar a Becky por maldecirlo cuando él le ofreció llevarla con un terapeuta. Quizá pueda perdonarla por decirle que lo odiaba durante la cena de la otra noche. De hecho, quizás él tenga el poder de perdonarla por las cosas específicas que ella hizo para hacerle la vida miserable.

Pero no puede perdonar a Becky por ser una persona deprimida.

Sobrecargamos los circuitos del perdón cuando intentamos perdonar a las personas por ser cargas en nuestra vida, o por no ser el tipo de gente que queremos que sean. Hay otras herramientas que nos sirven para lidiar con las hebras de la tragedia entretejidas en la tela de nuestras vidas. A éstas se les conoce como valor, empatía, paciencia y esperanza. Y Dios sabe que es difícil usarlas.

Pero estoy seguro de que no hubiera ayudado a Arthur en nada si lo hubiera estimulado a creer que debía —o podía— perdonar a su hija por ser la persona que es, a pesar de que ella se haya convertido en el triste y necesitado centro de su real —aunque egoísta— tragedia.

Creo que hay una ley natural del perdón que requiere el pago de un precio cuando intentamos perdonar a la gente por lo que es. *Aquellos que perdonan a la gente por lo que es, solamente alimentan su propio dolor.*

El dolor se agrava cuando cedemos a un grandioso perdón. La razón es sencilla de ver. Cuando intentamos —y fallamos, inevitablemente— perdonar a alguien por ser lo que es, el resentimiento se suma al resentimiento. Lo culpamos por nuestra incapacidad para perdonarlo, así como por hacernos daño.

También terminamos sintiendo más lástima por nosotros mismos que antes, y sintiéndonos más culpables, porque ahora, además de todo lo otro, nos sentimos avergonzados por no ser capaces de perdonar. Nuestro dolor se retroalimenta. Crece como un tumor invisible.

La esencia del asunto es que el perdón que cura se centra en lo que las personas hacen , no en lo que las personas son. El arte curativo del perdón debe de ser practicado gradualmente en la mayoría de los casos.

La gente común perdona mejor si lo hace poco a poco y sobre actos específicos. Nos hundimos si intentamos perdonar a la gente a lo grande, debido a que el perdón al mayoreo generalmente es falso. Perdonar algo es un milagro menor; extender un cheque en blanco es estúpido. Nadie lo puede hacer. Excepto Dios.

Y la primera regla para nosotros, simples seres humanos, en el juego del perdón, es recordar que no somos Dios.

CAPÍTULO 16

Libremente

Nunca llegamos a ser tan libres como cuando nos remontamos a nuestro pasado para perdonar a la persona que nos hizo daño. Nadie puede ser forzado a perdonar. Nadie perdona por ciego instinto, ni por deber. Cuando perdonamos genuinamente a alguien que nos dañó, nos elevamos por encima del llamado del deber y de la fuerza del instinto, para alcanzar la libertad personal.

Qué tonto, entonces, el acto de un padre que presiona a su hija a que perdone a su hermanito por haber leído su diario y pregonado los secretos que encontró ahí. Qué nimio, también, de parte de un predicador presionar —mediante amenazas de juicio— a su congregación para que perdone a sus enemigos.

El padre y el predicador utilizan una táctica inútil. O perdonamos libremente o no lo hacemos en realidad.

No perdonamos con libertad cuando lo que nos motiva es una necesidad interna de controlar a la persona a la que perdonamos. Manipular a través del perdón sólo empeora las cosas. Pero mucha gente lo intenta.

Existen tres tipos de manipuladores que se sirven del perdón.

Los que disparan el perdón instantáneamente en el momento del daño. Cada vez que alguien les causa alguna pequeña incomodidad, envuelven a la persona con su manta de castigadora generosidad.

Si llegas retrasado media hora a tu cita con Joe, él te perdona antes de que puedas explicarle que una llamada de larga distancia entró justo en el momento en que salías de casa. Si olvidaste el cumpleaños de Fran, ella te perdona con la solemnidad de un juez dictando sentencia de muerte. Si el hijo de Teresa no tiene su cuarto arreglado, ella lo perdona sin pedir una explicación.

Los que perdonan impulsivamente lo hacen de la manera en que un viejo boxeador lanzaría una izquierda cuando su oponente se descuida.

A los heridos por este tipo de perdón indiscriminado, lo que nos gustaría decir es: "No necesito ser perdonado por esto; no hice nada tan malo como para merecer tu perdón cargado de condena." Pero estamos atrapados. El que perdona impulsivamente necesita tener el control, así es que intimida a través del perdón.

El siguiente tipo es el que *acecha para perdonar,* el que huele la culpa y la rastrea, como un perro de caza tras su presa. Estos sabuesos quieren encontrar a los culpables, etiquetarlos como malhechores y después golpearlos con su perdón.

Stan Hackley es alguien que perdona de esta manera. Stan está a cargo de una oficina donde es esencial mantener los registros exactos. Camina por el valle de la sombra del terror, para que nadie en el piso de arriba vaya a descubrirlo en un error de computadora. Pero hay diez personas en su oficina que alimentan la computadora al menos una vez al día. No puede controlar la dieta, y la ley de la falibilidad humana indica que, de vez en cuando, uno de los diez ofrezca el menú equivocado. Cuando eso sucede, el gerente se convierte en sabueso. Stan se entrega a una caza furtiva, rastreando claves, desenmascarando al culpable.

Stan quiere tensión, llanto, dientes apretados.

Por supuesto, siempre perdona. Pero su perdón deja juicio y vergüenza en el patio trasero. Perdona y corre, dejando que el resentimiento circule en la oficina como el calor de verano que se expande alrededor de un ventilador de techo.

También tenemos a los *estafadores,* que logran que la gente haga algo por lo que necesiten ser perdonados. Los estafadores atrapan, perdonan y, después, conducen a sus víctimas a repetir las mismas cosas, para que puedan ser perdonadas otra vez.

Irma Walcort es una estafadora. Ha perdonado a su esposo Clint al menos mil veces. Pero cada vez que lo perdona, cava un metro más en el hoyo de Clint para lanzarlo nuevamente.

Clint es un borracho. Bebe en la tarde, generalmente fuera del alcance de Irma. Después regresa a casa, gruñe, se acuesta en el sofá y duerme toda la noche.

Pero los fines de semana bebe temprano y, para las cinco de la tarde del sábado, en un *crescendo* de altercado altisonante, le da unas cuantas cachetadas a Irma. Al día siguiente él nunca recuerda, pero Irma se encarga de hacerlo recordar.

Como un sacerdote apasionado en la liturgia de un domingo en la mañana, ella le pregona todas las groserías que él le dijo el día anterior, le enseña uno o dos moretones, le asegura que, sin ninguna duda, él es considerablemente inferior a un gusano y, después, a la manera de un comercial que termina, lo perdona. Siempre perdona. Ella perdona como el mecanógrafo que golpea el rodillo al final de la línea.

Cada vez que lo perdona, Irma le recuerda a Clint que es el peor animal que ha reptado a través de las grietas de la humanidad. Lo menos que puede hacer, como respuesta, es castigarse a sí mismo.

¿Cómo se castiga un borracho a sí mismo? Emborrachándose para poder ser golpeado y castigado nuevamente, como lo merece. Y ser perdonado otra vez.

Cargado de desdén, el perdón de Irma es una jaula en la que mantiene a su ebrio esposo justo en donde lo quiere. Esta es la forma del que manipula a través del perdón.

Para liberar, el perdón debe ser otorgado libremente, un acto de amor libre, no un tortuoso juego de poder. El perdón forzado sólo logra que la situación empeore para todos.

Un ingrediente principal en el perdón libre es el respeto por la persona que está siendo perdonada. Esta persona es una criatura magnífica. No perdonamos a nuestra mascota; no perdonamos a nuestra computadora; sólo perdonamos a un espléndido ser: el humano. En la práctica, el respeto significa permitir que una persona haga lo que quiera con nuestro perdón.

Perdonamos libremente sólo cuando le damos libertad a otra persona para que haga lo que tú no quieres que haga, si así lo desea. Cualquier cosa que esté por debajo del regalo de la libertad es control a través del perdón.

Si intentamos manipular a la gente para lograr el final feliz de nuestra versión fabricada de una historia, no estamos perdonando libremente. Y, en realidad, no estamos perdonando en lo absoluto.

Sólo si existe el respeto suficiente como para permitir que el otro se responsabilice de lo que quiera hacer con tu perdón, este será auténtico. Es el riesgo que uno corre en el juego del perdón.

Un acto libre siempre es un riesgo, de una u otra manera. El perdón es uno de los mayores riesgos de la libertad. Pero el auténtico perdón no se da de otra manera.

CAPÍTULO 17

Con convicción

Durante años, Ruth ha estado intentando perdonar a su madre. Dios sabe que es difícil hacerlo. Ella, desde pequeña, supo que su madre nunca quiso tenerla. Ni siquiera recuerda haber sido cargada por ella; hasta donde sabe, nunca la acunó, ni la arrulló, ni la besó. Lo que sí recuerda es haber recibido una gran cantidad de juguetes caros de unos brazos tiesos y extendidos.

Cuando Ruth tenía ocho años, el matrimonio de sus padres se vino abajo; su madre quería el divorcio. Pero estaba Ruth, ¿qué sería de la pequeña? Así es que, por el bien de una niña a la que no deseó, se quedó con un hombre al que no amaba. Pero eso sólo hizo que su resentimiento hacia Ruth se duplicara —por ella y por el padre.

Ruth, por otro lado, odia a su madre, quien la privó del amor familiar como si fuera un enemigo extranjero. Ha odiado a su madre durante mucho tiempo. Todos estos años, ¡el perro de su odio siempre ha estado gruñendo en el fondo de su corazón! Desea que su madre muera para poder olvidar, pero sabe que su odio sobrevivirá a su madre.

El odio de Ruth hacia su madre no se acaba ahí, tiene un anzuelo que atrapa a la misma Ruth. En la profundidad de su corazón, siente como si su madre hubiera tenido razón con respecto a ella: quizás nunca valió lo suficiente como para ser amada. Así es que como resultado se odia a sí misma tanto como odia a su madre.

¿Cómo puede escapar Ruth de esa red de odio que, por un lado, la ata y, por otro, la aleja de su madre?

No creo que Ruth pueda perdonar a su madre o perdonarse a sí misma hasta no sentirse perdonada. Llegar a un acuerdo con el dolor por la culpa de su madre debe seguir al de resolver su propia culpa. Cuando finalmente se sienta perdonada, completa e incondicionalmente, será libre para perdonarse a sí misma. Y, al perdonarse ella, encontrará la libertad para perdonar a su madre.

¿En qué radica el sentirse perdonado?

El perdón es el fundamento de cualquier otro buen sentimiento.

Pensemos en todo tipo de sentimientos maravillosos y comparémoslos con el de ser perdonados. Imaginemos el sentimiento que tenemos al hacer finalmente lo que siempre hemos intentado: "¡Lo hice! ¡Lo hice!" El sentimiento es de triunfo. Pensemos en lo que sentimos al hacer el amor con alguien a quien realmente amamos. O, incluso, el sentimiento de alivio que tenemos al reconocer un lugar después de haber estado perdidos y a punto de quedarnos sin gasolina. Todos éstos son sentimientos de júbilo, pero ninguno de ellos es fundamental. No construyen o destruyen nuestra felicidad.

Pero el sentimiento fundamental de recibir el perdón hace la diferencia en todo.

Nos sentimos perdonados en los cimientos de nuestro ser, donde todo lo demás descansa. Es un sentimiento de aceptación total, un sentimiento acogido en lo más profundo de nuestro ser, un sentimiento que nada nos puede arrebatar. Nos sentimos afirmados por completo, totalmente amados, totalmente recibidos. Nuestro ser, en su totalidad, descansa por la certeza de que nada nos puede separar de la fuente del amor, a pesar de no poder hacer el suficiente bien como para merecer el derecho a estar ahí. Sabemos que nada nos puede dañar ahora.

Este sentimiento fundamental nos *acontece,* si estamos abiertos. No podemos crearlo, simplemente recibirlo.

Sin embargo, podemos *cerrarnos* a él. ¿Cómo?

Una manera segura de esquivar el sentimiento es preocuparnos demasiado por lograr el éxito espiritual.

Todos deseamos tener un lugar bajo el sol, acunados cálidamente junto a las personas con suerte que han triunfado en la vida y que piensan bien de sí mismos por ello. Queremos caminar en línea recta, cabeza en alto, en el buen sentido de nuestro propio y sobresaliente valor. Claro, ¿por qué no?

Pero, a veces, necesitamos examinarnos con mayor honestidad.

A veces podemos seguir nuestros sentimientos hasta las oscuras regiones de nuestra vida, en donde no somos ni muy bellos ni muy puros. Somos criaturas mixtas, luz y sombra, debilidad y fortaleza, suciedad y limpieza, odio y amor, todo al mismo tiempo. Nuestro apellido es *ambigüedad.* Admitir esta ambigüedad esencial conlleva al sentimiento esencial de ser perdonados.

La obsesión por alcanzar el éxito espiritual nos puede desviar constantemente del sentimiento fundamental. Conozco a un hombre que necesita tan desesperadamente ser bueno, que es incapaz de enfrentar la falta más insignificante. Frecuentemente se lamenta por ser un pobre pecador, siempre generalizando y siempre utilizando esto como un truco para que la gente le reafirme su notable virtud. Pero cuando su esposa se queja porque olvidó sacar la basura, él está listo para contratar a un abogado que lo defienda en contra de la acusación.

¿Por qué? La razón es sencilla: su pasión por ser un *éxito espiritual* no le permite fallar en nada. Necesita ser tan bueno porque tiene miedo de ser un poco malo. Y pierde sus oportunidades de experimentar el sentimiento fundamental de ser perdonado.

Hablaré de mí mismo. Cuando me preocupo demasiado por mi valor personal, me convierto en un guardia armado del imperio de mi ego. Si alguien ataca mi autoestima, mando llamar a todas las reservas para que me defiendan. La rigidez, la severidad y el miedo me invaden; adopto una posición de ataque.

No me permito aceptar el sentimiento de ser perdonado.

Pero en algunos momentos de terrible vacío, con el conocimiento de no poder ganar el caso al defender mi virtud, he emergido con el sentimiento de haber sido perdonado, libre, feliz y esperanzado también. Fui libre para perdonar. Liberado por la libertad fundamental de ser perdonado.

Mi historia favorita sobre la libertad de perdonar es la que Corrie Ten Boom cuenta de sí misma. Corrie fue liberada de un campo de concentración nazi pocos días después de que los aliados vencieron a Alemania. Sin embargo, le tomó un plazo de tiempo considerablemente mayor liberarse de su odio encendido. Emprendió el viaje hacia el perdón a través del recuerdo del dolor y siguió viajando hasta llegar al lugar en el que incluso perdonó a los nazis que deshumanizaron su vida en los campos.

En el perdón, creyó haber descubierto el único poder capaz de curar esa historia de daño y odio que azotó a los europeos. Así es que predicó las posibilidades del perdón en Holanda, en Francia e, incluso, en la misma Alemania. Un domingo, en Munich, habló del perdón a todos esos alemanes tan ávidos de ser perdonados.

Afuera, después de que terminó el servicio, se desarrolló un gran drama del espíritu humano. Un hombre caminó hasta ella y extendió su mano, esperando que ella la tomara. "Ja, señora Ten Boom, estoy tan contento de que Jesús nos perdone a todos por nuestros pecados así como usted dice."

Corrie lo conocía. Recordó cómo había sido forzada a tomar baños con otras mujeres prisioneras, mientras esta bestia, un *superman* lascivo y burlón, las vigilaba desnudas e indefensas. Corrie recordó. Él puso su mano cerca de ella, quien sintió su propia mano helarse a su lado.

No podía perdonar. Estaba impactada y aterrada ante su propia debilidad. ¿Qué podía hacer, ella que estaba tan segura de haber superado el dolor profundo y el odio desesperado para alcanzar el perdón, qué podía hacer ahora, confrontada por un hombre al que no era capaz de perdonar?

Rezó. "Jesús, no puedo perdonar a este hombre. Perdóname." Inmediatamente, de una maravillosa manera que no esperaba, se sintió perdonada. Perdonada por no perdonar.

En ese instante —sumergida en el poder del sentimiento fundamental— su mano se elevó, tomó la de su enemigo y lo liberó. En su corazón, ella lo liberó de su terrible pasado. Y ella se liberó del suyo.

El vínculo entre sentirse perdonado y el poder de perdonar es la clave para todo lo demás.

Regresaré a mi amiga Ruth, la talentosa mujer que había sufrido durante tanto tiempo por no poder perdonar a su madre. Ruth no puede perdonar a su madre porque ella misma no se siente perdonada.

Su libertad para perdonar debe nacer del sentimiento fundamental de libertad personal ante cualquier condena, la suya o la de Dios o la de cualquiera. El sentimiento fundamental de ser perdonado no tiene tierra para que el odio germine, ningún nutriente para que el odio se alimente; cuando experimentamos el sentimiento fundamental del perdón, el odio muere de muerte natural, y cuando el odio muere, somos libres para perdonar.

¿Recuerdan a Roger Sewall? Roger era un hombre joven que fue asesinado cruelmente por un conductor que se dio a la fuga.

La madre de Roger, Phyllis, derramó un poco de su dolor en un diario para ayudarse a salir de la terrible red de enojo, mientras esperaba el juicio del hombre que mató a su hijo. Ella me permitió leer su diario, así como compartir lo que escribió en él.

Primero, revela su dolor; después, su odio.

"No sé cómo me siento. Todavía estoy enojada. Estoy enojada con Charid por estar metido en las drogas... Quiero que le duela. Quiero que sufra por su culpa y que sienta nuestro dolor. Quiero que tenga años de sueños terribles y noches de insomnio... Dios, no lo quiero perdonar..."

Pero Phyllis es una persona profundamente espiritual, y no podía sentir su odio sin sentir una necesidad dentro de ella. Impulsada por su propia necesidad, fue aproximándose a la frontera del sentimiento fundamental de ser perdonado.

"Qué niños tan tontos somos... Seguimos dando la espalda... sin embargo, volteamos... y decimos: te perdono."

Ahora ella lo sostiene.

"Recibo... recibo el perdón que has derramado sobre nosotros desde el día en que *tu* hijo murió."

Y, sin embargo, ella sigue luchando.

"¿Puedo perdonar así? No, no puedo... Ayúdame, Dios. Ayúdame... a decir..."

No pudo terminar la oración; no pudo escribir "Perdono."

Pasaron algunos meses. Después de lágrimas y enojo, bajo el poder que nace del sentimiento fundamental de la vida, ella terminó su lucha.

"Perdono a Sid Charid."

Y realmente lo hizo.

No sé si el acto de Phyllis alguna vez tocó la vida del hombre al que perdonó. No sé si él sea capaz de perdonarse alguna vez a sí mismo. Lo que sí sé es que cuando perdonó al hombre que mató a su hijo, Phyllis empezó su propio viaje hacia la curación. Quizás ha tenido que empezar varias veces, pero está en el camino.

Cuarta parte

LOS MOTIVOS DEL PERDÓN

Hay mucho que decir sobre las razones para *no* perdonar a la gente que nos ha dañado. ¿Por qué deben las personas cortar y abrirse paso a nuestras vidas, dejando por estela nuestra sangre y, después, esperar ser perdonados por todo y actuar como si nada hubiera pasado?

El perdón es un desafío a las leyes de la exigente e inflexible moralidad. "El refugio de un pordiosero", lo llamó George Bernard Shaw. Y cualquiera que hable sobre la belleza del perdón debe estar consciente de que cuando estimula a la gente a perdonar, va en contra de la naturaleza del deseo de cualquier persona decente por merecer un trato justo.

Debemos enfrentarnos a las reflexiones del escéptico que habla del perdón como un truco religioso que persuade a la gente herida a que tolere el daño que no se merece.

Recuerden que estamos hablando de perdonar aquello que sentimos como algo intolerable. No nos referimos a las molestias insignificantes que inevitablemente sufrimos con el roce humano.

Hablamos de perdonar a la gente que nos ha lastimado profunda e injustamente y nos ha dejado sintiéndonos como ningún ser humano hecho a la imagen y semejanza de Dios, deba sentirse.

Debemos escuchar esas voces que se niegan a perdonar, indiscriminadamente, a tales personas.

Si las escuchamos claramente, reconoceremos en ellas el eco que se eleva de nuestro propio corazón.

Pues el corazón honesto se indigna ante paliativos baratos para las heridas injustas; no quiere perdonar si tal acto deja a la víctima expuesta y vulnerable, y estimula al malhechor a que siga hiriendo.

Así es que debemos preguntarnos, ¿por qué perdonar?

Y debemos contestar: porque el perdón es la *única* manera de obtener justicia en un mundo injusto; es la inesperada revolución del amor en contra del dolor inmerecido y, por sí mismo, ofrece una verdadera esperanza para curar las heridas que sentimos tan injustamente.

Continuemos, entonces, para que podamos comprobar la justicia del perdón, al ser examinada por nuestro propio corazón.

CAPÍTULO 18

El perdón hace de la vida algo más justo

¿Tenía Shylock un argumento? Él era, como lo saben todos los que odian a los villanos, el típico incapaz de perdonar. Pero, ¿quién observa la escena desde el punto de vista de Shylock?

Nos topamos con Shylock en *El mercader de Venecia*; ha sido lastimado gravemente por ninguna buena razón. Escuchemos su lamento:

> Antonio
> me ha desgraciado...
> se ha reído de mis pérdidas,
> burlado de mis ganancias,
> ha sido sarcástico con mi nación,
> impedido mis negocios,
> helado a mis amigos,
> encendido a mis enemigos.

Y, ¿para qué? ¿Por qué Antonio restregó la cara de Shylock en el fango? ¿Shylock le había hecho algo? ¿Tenían que saldar alguna deuda? No, a Antonio únicamente le agitaba un malévolo impulso antisemita. Shylock era maltratado simplemente por ser judío.

Entonces, ¿por qué Shylock debe perdonar a Antonio y dejar las cosas como si nada hubiera sucedido entre ellos? No pedía más de lo que había recibido en maltrato. Antonio había hecho un mal negocio. Dejemos que el malhechor pague sus deudas. ¡Un kilo de carne, por favor! Como lo había prometido.

El sentido de justicia de la mente simple de Shylock ensombreció su sensatez. No se necesitaba a un genio para cambiar la jugada: que tenga un kilo, ni un gramo más, y sólo carne, sin gota de sangre. Los gentiles ganaron el juego. Pero nuestra pregunta no se refiere a la inteligencia de Shylock, sino a la justicia del caso.

La reflexión en torno al caso de Shylock nos sirve en este momento para cuestionarnos la justicia del perdón.

Simon Wiesenthal cuenta una anécdota que a toda costa debemos mencionar; esta historia sobre su propia y terrible crisis del perdón en un campo de concentración nos pone a temblar cuando se pregunta uno de nuevo si el perdón es realmente justo. Wiesenthal era lo opuesto a ese Shylock vengativo que chasqueaba los labios ante el kilo de carne que le llegaba. Simon era una persona decente, un arquitecto de profesión, atrapado entre las garras del nazismo, quien sólo esperaba sobrevivir al holocausto, y no se atrevía a esperar tanto.

Una tarde se encontraba en un campo de concentración polaco. Ese día se le había asignado limpiar la suciedad de un hospital que los alemanes habían improvisado para los soldados heridos en el frente oriental. Una enfermera que salió de la nada caminó hasta él, lo tomó del brazo, le ordenó que la siguiera y lo condujo arriba. Caminaron a lo largo de una fila de heridos pestilentes hasta llegar a la cama donde un joven soldado con la cabeza envuelta en vendas manchadas de pus, moría. Un soldado de la SS, quizás de veintidós años.

El soldado, cuyo nombre era Karl, alcanzó la mano de Wiesenthal y la apretó con fuerza, como si temiera que éste huyera. Le dijo a Wiesenthal que tenía que hablar con un judío. Tenía que confesar las terribles cosas que había hecho para poder ser perdonado. De otra manera, no podría morir en paz.

¿Qué había hecho? Peleaba en una aldea rusa en donde unos cuantos cientos de judíos habían sido cercados. A su grupo se le ordenó colocar tanques de gasolina en una casa. Después, obligaron a entrar en la casa a doscientas personas, las comprimieron hasta que no se pudieran mover. A continuación, aventaron granadas a través de las ventanas para incendiar la casa. A los soldados se les ordenó disparar a cualquiera que intentara saltar por la ventana.

El soldado recordaba: "Detrás de la ventana del segundo piso, vi a un hombre con un niño pequeño en los brazos. Su ropa estaba encendida. A su lado estaba una mujer, sin duda la madre del niño. Con una mano libre, el hombre cubrió los ojos del niño y saltó a la calle. Segundos después, la madre los siguió. Disparamos... Dios mío... nunca podré olvidarlo. El recuerdo me persigue."

El joven se detuvo un momento y después dijo: "Sé que lo que le he dicho es terrible. He deseado contárselo a un judío para implorar su perdón. Sé que lo que pido es demasiado, pero sin su respuesta no puedo morir en paz."

¡Silencio! El sol, en lo alto del cielo. Dios estaba en alguna parte. Pero aquí, dos extraños estaban juntos, atrapados en la crisis del perdón. Un miembro de la raza superior le imploraba perdón a un miembro de la raza condenada.

Wiesenthal nos cuenta lo que hizo. "Me puse de pie y miré que tenía las manos cruzadas. Finalmente, tomé una decisión y, sin decir una sola palabra, salí del cuarto." El alemán se fue con Dios sin obtener el perdón del hombre.

Wiesenthal sobrevivió a los campos de concentración. Pero no pudo olvidar al soldado. No dejaba de preguntarse, conflictuado, si debió haberlo perdonado. Contó la anécdota en su libro *The Sunflower*,* el cual finaliza con una terrible pregunta dirigida al lector: "¿Qué hubieran hecho ustedes?"

Yo no sé qué hubiera hecho. Es difícil saber cuál sería nuestra reacción ante lo que le ha pasado a otro. Sólo quiero que su historia nos obligue a reflexionar acerca de lo descabellado que es forzar a alguien, incluidos nosotros, a perdonar.

¿Habría Wiesenthal hecho lo correcto al haber perdonado al soldado? ¿Habría hecho lo incorrecto?

Treinta y dos personas destacadas le respondieron por escrito. La mayoría de estas respuestas fueron eco de la de Josek, un compañero prisionero, que le dijo a Wiesenthal:

> No tenías derecho a perdonarlo en nombre de la gente que no te lo había autorizado. Lo que te han hecho a ti personalmente, puedes, si quieres, perdonarlo y olvidarlo. Ese es un asunto tuyo. Pero habría sido un pecado terrible cargar tu conciencia con el sufrimiento de otras personas.

¡Un pecado terrible perdonar! ¿Por qué? Porque nadie puede liberar la conciencia de un criminal a menos que haya sido su víctima.

Pero no debemos permitir que el sentido de justicia de Wiesenthal hacia otras víctimas, nos impida hacer la pregunta en torno a la justicia del perdón al soldado y al mismo Wiesenthal.

Unos cuantos escritores concluyeron que el soldado no merecía el perdón. El filósofo Herbert Marcuse dijo lo que, con seguridad, se encontraba en la mente de la mayoría de las personas.

---

* En español, *El girasol.* (N. del T.)

Uno no puede, y no debe, transitar felizmente matando y torturando y, después, cuando llega el momento, simplemente pedir y recibir perdón.

Pero nadie como la novelista Cynthia Ozick argumentó en contra del perdón tan apasionadamente:

> Con frecuencia se nos pide que pensemos de esta manera: la venganza es un acto brutal, el perdón refina. Pero lo opuesto puede ser cierto. Los rabinos dicen: "Quien sea piadoso con el cruel, terminará siendo indiferente ante el inocente." El perdón puede embrutecer... El rostro del perdón es dulce, pero qué frío para el asesinado... Que el soldado muera sin alivio. Que se vaya al infierno.

¿Por qué *debe* morir en paz? ¿Por qué *debe* ser liberado de su pecado mediante la palabra de un judío? ¿Por qué alguien, en cualquier lugar, debe perdonar a este asesino y liberarlo, como si nunca hubiera jalado el gatillo? ¿No *merecía* morir sin el perdón?

¿Habría sido justo para el mismo Wiesenthal? Él, también, fue terriblemente dañado. Ahí estaba, una persona sumamente ética, cautivo en un campo de concentración, condenado a morir con todos los demás. Los nazis lo despojaron de casi todo; ochenta y nueve familiares suyos fueron asesinados. Y, de repente, en un momento inesperado, tenía el destino de un nazi en sus manos. ¿Por qué no herir a la raza superior con el filo de su silente desdén? ¿No habría cometido *él mismo* una terrible injusticia de haber derramado palabras dulces de perdón sobre el soldado alemán?

Algunas personas no necesitan escuchar una historia como la de Wiesenthal para convencerse de que el perdón es injusto; han sentido la injusticia en su interior, en los fuegos menores de la propia hoguera de su alma.

Tomemos como ejemplo a Jane Graafschap. Jane y su esposo, Ralph, que consiguieron atravesar con sus hijos el loco laberinto de la adolescencia y, suavemente, empujarlos a abandonar la casa. Jane estaba contenta de que sus hijos ya volaban y finalmente iba a poder tener una vida propia, recuperar su camino y realizarse.

Pero una tragedia familiar la detuvo. Uno de sus cuñados y su esposa murieron en un accidente automovilístico, dejando completamente solos a tres niños de ocho, diez y doce años. A Ralph lo movía un fuerte sentido del deber; sabía que era un llamado a adoptar a sus sobrinos. Jane sentía demasiada compasión, o estaba demasiado cansada como para rehusarse, en realidad nunca supo por cuál de las dos razones aceptó. Los adoptó, no por un mes, sino por el tiempo que durara el proceso. En lo que concierne a Ralph, básicamente estuvo ausente, era un hombre en constantes viajes de negocios. Pasaron nueve años. Dos de los chicos ya abandonaron el hogar; el único que permanece tiene diecisiete años con un leve problema mental, pero es funcional. En unos cuantos años Jane y Ralph serían libres.

Pero no fue así. El cuerpo de Jane se había descompuesto un poco, mientras que la secretaria de Ralph, Sue, era deslumbrante; además, ella realmente entendía sus necesidades. ¿Cómo evitar el enamorarse? Él y Sue sabían que su amor era demasiado real para negarlo y demasiado poderoso para resistirlo, por lo tanto, Ralph se divorció de Jane para casarse con Sue.

Ralph y Sue eran muy felices, y sumergieron su felicidad en una cálida espuma religiosa; su festiva y flexible iglesia celebró su naciente gozo. Se mantuvieron unidos por la autorización de su comunidad cristiana. Pero Ralph necesitaba un impulso más de aceptación. Así es que llamó a Jane para pedirle su perdón y que le deseara felicidad. "Quiero que me bendigas", le dijo.

"Quiero que te vayas al infierno", le contestó. ¿Qué? ¿Perdón? ¿Tirar a la basura el único poder que tenía, la fuerza de su odio, la energía de su desdén? Su desprecio era su poder, su dignidad, su autoestima. Era injusto pedirle su perdón. Lo menos que el canalla merecía era un constante menosprecio.

Cuando presionamos a la gente a perdonar, ¿les estamos pidiendo que sufran doblemente? Primero, sufren el daño del asalto de una persona. Fueron desgarrados, traicionados, abandonados en el frío. ¿Es necesario que ahora sufran la segunda herida de tener que tragarse el insulto? Han sido golpeados y, además, ¿deben bendecir al responsable?

No debemos predicar el sublime deber del perdón a los Wiesenthal o a las Graafschap hasta no haber digerido un poco más el aspecto de la justicia en el perdón. Podemos "creer en el perdón solamente si se mantiene la justicia y se confirma la culpa". Paul Tillich tenía razón. Cuando decimos "perdona" quizás estamos pidiéndole a alguien que transgreda el instinto universal de la condición humana de jugar limpio.

Veamos si *podemos* argumentar a favor de un perdón justo. Sugiero que lo veamos desde dos puntos de vista.

El perdón abre las puertas hacia una mejor justicia

Para empezar, el perdón es justo en cuanto a los hechos.

El perdón no intenta cambiar los hechos de nuestro pasado. Manipular los hechos de la historia es entrar al terreno de lo falso; la historia es implacable. Podemos empezar a perdonar solamente cuando nos resistimos a la suave tentación de moderar el daño que hemos sufrido.

Alguien ha sido lastimado. Si somos demasiado orgullosos como para admitir que nuestro esposo o nuestro antiguo socio nos ha lastimado, lo que hacemos es posponer la crisis por un tiempo. Si tenemos demasiado miedo a enfrentar nuestro dolor como para permitirnos sentirlo completamente, quizás estemos evitando el asunto del perdón. Lo que nos empuja hacia una crisis es nuestro respeto por el hecho de que fuimos tratados injustamente por alguien que no tenía por qué hacerlo. El perdón es sólo para la gente que es justa hacia el infeliz hecho del dolor injusto.

El perdón también es justo, de manera paradójica, con la dignidad del malhechor. Si creemos que todo lo que hacemos está determinado de antemano por fuerzas más allá de nuestro control, nunca entraremos en el círculo del perdón. Si estamos convencidos de que los idiotas que nos han lastimado son sólo víctimas de los hados, de que fueron atrapados en el círculo vicioso en donde los depositaron sus padres neuróticos y que no podían ayudarse a sí mismos, entonces no necesitamos perdonarlos. Quizá sólo sentir lástima por ellos. Es posible reestructurarlos, pero no perdonarlos.

Perdonaremos sólo cuando nos atrevamos a mirar a la gente directamente a los ojos y a decirles que son responsables por lo que hicieron. El perdón es justo para los que han lastimado, porque los somete al examen incriminador de su propia y libre humanidad.

Pero regresemos al meollo del asunto. ¿El perdón es una manera digna de resolver el dolor que sentimos cuando una persona responsable nos lastima profunda e injustamente?

Y si no, ¿cuál es la alternativa?

¿Debemos congelarnos en la injusticia de un momento cruel que sucedió en el pasado? ¿Queremos que nuestro mundo personal se detenga ante ese incidente infeliz de nuestra historia irreversible? ¿O estamos listos para encontrar una mejor solución? ¿Mejor que cuál? Mejor que el dolor de un recuerdo adherido para siempre a un pasado injusto.

Pero supongamos que nos rehusamos a establecernos en el pasado y también a perdonar. ¿Existe otra opción? ¿Quizá la venganza?

La venganza es la pasión por desquitarse. Es un deseo encendido por devolver tanto dolor como el que nos provocaron. ¡Ojo por ojo! ¡Justicia!

El problema con la venganza es que nunca obtiene lo que quiere; nunca iguala el marcador. La justicia nunca llega. La reacción en cadena disparada por cada acto de venganza siempre toma su propio curso. Ata tanto a la víctima como al verdugo a una escalera eléctrica de dolor. Ambos se encuentran atrapados en la escalera mientras se mantenga el empate y ésta nunca se detiene, no permite que alguno de los dos se baje.

¿Por qué los odios entre la familia continúan hasta que todos sus integrantes han muerto o están demasiado viejos y demasiado cansados para pelear?

La razón es sencilla: no existen dos personas, ni dos familias que midan el dolor en la misma escala. El dolor que alguien me ha provocado siempre será mayor para mí que para la persona que me lo ocasionó. El dolor que yo te causo siempre será peor para ti de lo que a mí me parece. Los dolores dados y los dolores recibidos nunca podrán equilibrarse. La diferencia entre el dolor provocado y el dolor sufrido es como la diferencia entre escalar una montaña y descenderla, nunca se experimenta la misma sensación en ambas direcciones.

Si tú me lastimas y yo tomo represalias, puedo pensar que te he dado solamente lo que merecías, nada más. Pero tú lo sentirás como un dolor demasiado grande para ser aceptado. Tu pasión por la justicia te forzará a desquitarte, sólo que esta vez con más intensidad. Después será mi turno. ¿Y podremos detenernos en algún momento?

El ojo por ojo se convierte en pierna por pierna y, eventualmente, en vida por vida. No importa cuáles sean nuestras armas, palabras, puñales, flechas, balas, bombas, misiles nucleares, la venganza nos atrapa en un ascenso de violencia. Gandhi tenía razón: si todos viviéramos bajo el precepto de "ojo por ojo", el mundo entero quedaría ciego. La única solución es el perdón.

El perdón no es la alternativa para remediar la venganza, por ser suave y amable; *es una alternativa viable porque es la única ruta creativa hacia una menor injusticia.*

El perdón tiene el poder creativo para apartarnos de un momento pasado de dolor, para liberarnos de nuestra eterna reacción en cadena y crear una nueva situación en la que tanto el verdugo como la víctima puedan empezar nuevamente.

El perdón ofrece la oportunidad de reconciliación; es la oportunidad de una vida juntos, en lugar de una muerte compartida. El perdón es un milagro de la voluntad que retira la pesada obstrucción que impide que la hermandad se realice, un milagro que culmina cuando dos personas distanciadas se reúnen en una relación tan nueva y justa como el tiempo y las circunstancias la permitan.

La alternativa para una reconciliación es, al final, un proceso inacabable de autodestrucción. El brillante teólogo americano, Reinhold Niebuhr, hizo la siguiente observación sobre la Segunda Guerra Mundial: "Debemos reconciliarnos finalmente con nuestro enemigo, a menos que queramos perecer en el círculo vicioso del odio." Debe haber una liberación del pasado o estaremos por siempre enterrados en su dolor injusto.

La venganza nunca satisface realmente. En primer término, no siempre podemos devolver el golpe. Quizá la persona que nos lastimó está muerta. Quizá nos han alcanzado la vejez y el cansancio. ¿Qué nos queda sino nuestra propia y privada truculencia? Nos consumimos en nuestro rencor, impotentes ante la venganza y sin poder ante el perdón. ¡Frustrados! ¡Paralizados! Éste ciertamente no es el camino para lograr que las cosas sean más justas.

La venganza empantana a la gente en un pasado doloroso e injusto. En vez de moverse hacia nuevas y futuras relaciones justas, la ambición interna de venganza los empuja cada vez más profundo hacia repeticiones infinitas de aquella vieja injusticia . Todo en el nombre del "juego justo".

El perdón empieza en medio del flujo de la injusticia e inicia un nuevo movimiento hacia otra justicia, imperfecta, pero al menos mejor que la perpetuidad de la vieja injusticia. Rompe el anzuelo que el daño y el dolor del pasado han clavado en nuestra mente y nos libera para caminar hacia un futuro más justo que yace en la potencialidad desconocida de nuestro mañana.

No hay garantía. Pero el perdón es la única puerta abierta hacia la *posibilidad*.

El perdón es la única manera de ser justos con nosotros mismos

Cuando sospechamos que el perdón no es justo, nos preocupamos de que la persona que nos ha lastimado no reciba su merecido. Pero también nos preocupa el estar haciendo un mal negocio; nos lastimaron y no hay compensación. El perdón puede parecerle injusto a la persona que lo ejerce.

Pero cuando nos rehusamos a perdonar con el argumento de que no estamos siendo justos con nosotros mismos, sólo nos sumergimos en un mar de confusión. El perdón es la *única* manera de ser justos con nosotros mismos. Desquitarse es el juego de los perdedores. Es la frustración última porque nos deja con más dolor que el que sentíamos al principio.

Recordemos, por un momento, el dolor de haber sido lastimados, golpeados, engañados, menospreciados. ¿No es cierto que la memoria enciende el fuego de la furia, nuevamente, reviviendo el dolor? Supongamos que no somos capaces de perdonar, que sentimos la herida cada vez que la memoria evoca a la persona que nos lastimó. Y supongamos que pensamos en ésta compulsivamente. Nos hemos convertido en esclavos de nuestro dolor pasado; estamos cautivos en una cámara de tortura fabricada por nosotros mismos. El tiempo pudo haber dejado el dolor atrás; pero lo mantenemos vivo para que nos maltrate una y otra vez.

Nuestro recuerdo es el repetidor de nuestro dolor —un video en nuestra alma que repite infinitamente ese viejo encuentro con el dolor. No podemos apagarlo. Nos hemos convertido en adictos al dolor. Somos flagelados cada vez que la memoria pone el casete. ¿Es esto justo para nosotros?, ¿esta *justicia infeliz de sostener lo imperdonable?* No podemos ser más injustos con nosotros mismos.

La única manera de curar el dolor que no puede ser curado por sí mismo es perdonar a la persona que nos ha lastimado. El perdón detiene las repeticiones del dolor. El perdón cura nuestra memoria, al cambiar las imágenes de nuestros recuerdos.

Cuando liberamos al verdugo del agravio, extirpamos un tumor maligno de nuestro interior.

Liberamos a un prisionero, y descubrimos en su rostro el nuestro.

CAPÍTULO 19

El perdón es una apuesta por algo mejor

El perdón podría ser peligroso para la salud de tus hijos. Un poco de perdón, de vez en cuando, por cosas pequeñas, hecho de manera discreta y sin mucho aspaviento, no amenaza el futuro de la sociedad humana. Pero si perdonamos los grandes daños, indiscriminada y abiertamente, podemos oscurecer la vida de los niños inocentes del mañana.

El perdón, por lo tanto, es un gran riesgo.

Debemos estar conscientes de que el perdón, dado como algo barato, *es* peligroso. Si perdonamos, tendemos a olvidar; y si olvidamos los horrores del pasado, fácilmente podemos permitir que vuelvan a suceder en el futuro.

Cada acto de perdón puede ser un clavo en el ataúd de alguien más. Si perdonamos al hombre que violó a nuestra hermana, quizás ahoguemos el grito de la sociedad en contra de los violadores. Si perdonamos al traficante que le vende cocaína a nuestra hija, le estamos facilitando el camino para que llegue a la hija del vecino también. Si perdonamos con ligereza y olvidamos muy rápido, quizás estemos entregando a gente inocente a los predadores que sólo sienten indiferencia ante nuestro perdón.

Si perdonamos a los nazis, eventualmente olvidaremos el holocausto. Si los armenios perdonan a los turcos, sus hijos olvidarán las masacres, si los kulaks ucranianos perdonan a Stalin, sus hijos olvidarán el hambre de sus padres. Si los camboyanos perdonan a Pol Pot, sus hijos olvidarán las atrocidades masivas en contra de millones de camboyanos inocentes.

Los riesgos del olvido son tanto personales como colectivos. Una vez que hemos perdonado y aprendido a tragarnos la basura pestilente de la historia, sin vomitar, nos condicionamos a digerir lo peor que los monstruos del futuro nos obliguen a comer. Al curarnos la náusea, el perdón nos alienta a olvidar que algo grave ha ocurrido y puede ocurrir nuevamente. Si hacemos una grieta en el dique, habremos llegado a tiempo para el diluvio.

Después de haber perdonado a la gente, se teme, empezaremos a descubrir todo tipo de noblezas en ellos. Los comandantes de los campos de concentración eran gente fina. Veían el asesinato de niños pequeños de nueve a cinco para, después, irse a casa a hacerle el amor a su esposa en la cama cálida de la fidelidad teutona. Los capos de la mafia eliminan a la competencia a sangre fría en la mañana y, para las cinco, ya están en casa con sus hijos, viviendo bajo formas tradicionales. Veamos los dos puntos de vista. Quizá los monstruos de nuestra historia no eran tan malos como lo creyeron sus víctimas.

La gente común, se dice, no puede gozar de confianza mediante el perdón. Quizá Dios pueda perdonar a los pecadores sin perder el asombro ante su pecado. Quizá Dios no se engaña a sí mismo, quizás él sabe que los pecadores a los que se ha perdonado aún tienen mucha maldad en sus entrañas como para no volver a pecar. Pero la mayría de la gente común, permite que el perdón lave la memoria y exprima su amargo sabor. Son como los borrachos que odian el alcohol mientras les dura la cruda.

Conforme sus recuerdos se desvanecen, se vuelven suaves. Y hacen que la suavidad suene a reflexión aguda. Están listos, una vez que perdonan, a aceptar un sinfín de hechos, las cargas de la historia, los tiempos difíciles, la cultura desangrada por la pobreza, la vida familiar patológica, la debilidad genética. Dicen que fue el destino.

¡Cuidado con la confusa ligereza del que perdona fácilmente!

¿Podría yo argumentar en *contra* del perdón de manera más sólida?

Una manera de reducir el riesgo es simplemente no permitir que las futuras generaciones olviden. Podemos contarle a los niños las historias de los terribles hechos del pasado. Podríamos construir museos de genocidios, diseñar monumentos artísticos a las matanzas. Quizá podamos comprometernos a no permitir que nuestros hijos y los hijos de nuestros hijos desconozcan lo acontecido. Podemos pregonarlo a cada generación.

Sin embargo, debemos estar conscientes de que el recuerdo tiene sus propios problemas. Si el olvido invita a la repetición, el recuerdo incita a la perpetuidad. La memoria puede alimentar la flama que lleva al odio hasta un punto de ebullición, creando una presión interna que sólo el saldar las cuentas puede aliviar. Pero nunca podremos saldar las cuentas, ni intentándolo durante un millón de años. Así es que el mayor número de víctimas del recuerdo son los espíritus de aquellos que más sufrieron.

¿Existe un estrecho que pueda ser navegado entre el arrecife del arriesgado perdón y el del fútil recuerdo?

Existe un *recuerdo redentor.* Hay una manera curativa de recordar los daños de nuestro pasado irreversible, una manera que puede traer esperanza para el futuro junto con el dolor por el pasado. El recuerdo redentor mantiene nítida la imagen del pasado, pero añade una nueva escenografía y ajusta el lente.

Ningún pueblo puede hablarnos del recuerdo redentor como lo hicieron los antiguos hebreos. El recuerdo fue su forma de vida. Sus memorias les dijeron quiénes eran, cómo embonaban en el rompecabezas humano y qué se esperaba de ellos. Su futuro nació ayer y, al recordar con nitidez su pasado, descubrieron el significado de su hoy y la meta de su mañana.

Moisés advirtió tempranamente que el terrible pasado del pueblo judío debía de ser mantenido vivo para que la gente supiera el significado de lo que fue, de lo que es y de lo que será. "Sólo presta atención y mantén lista el alma, para que no olvides las cosas que tus ojos han visto y nunca abandonen tu corazón; transmítelas a tus hijos y a los hijos de tus hijos."

Jamás olvidar. Si perdemos nuestra memoria, perdemos nuestra propia identidad, así como nuestra contribución al futuro de nuestra gente.

Pero veamos más de cerca aquello que los judíos debían recordar. No se trataba del horror de los cuatrocientos años de esclavitud, a pesar de que en esto consistió su pasado. Ni tampoco de la enorme injusticia del faraón en Egipto, a pesar de ser la injusticia parte de su pasado. No se les ordenó recordar el dolor, la maldad. Una sorprendente característica de la historia judía posterior a la esclavitud es que la gente no se sentía presionada a recordar su miseria.

Lo que debía ser recordado era el milagro de la supervivencia y la renovación. Lo que debía ser recordado no eran los días en los que Dios no había estado presente, sino el día en el que Dios regresó para liberarlos de la esclavitud y del sufrimiento.

El Día de Pascua era su día conmemorativo.

Este será un día conmemorativo...y cuando sus hijos pregunten: "¿qué significa este sacrificio?", ustedes responderán: "Es el sacrificio del Señor, pues pasó por las casas de Israel, en Egipto, cuando mató a los egipcios sin dañar nuestras casas."

La liberación y la redención del dolor eran las recordadas; no el sometimiento, ni el daño en sí mismo. El monumento estaba dedicado a las posibilidades del futuro, no al horror del pasado.

La memoria redentora nos conduce hacia un futuro mejor, no nos ata a nuestros peores pasados.

Cuando Israel recordó el dolor de su pasado, la memoria los incitó a buscar justicia en el presente. Si alguna vez fueron extraños en una tierra extraña, ahora la hospitalidad en su propia tierra es lo que importa. Si fueron explotados por líderes injustos, ahora lo importante es no explotar a la gente propia. Si fueron esclavos alguna vez, liberar a los propios esclavos es fundamental. Las expectativas por una vida mejor fueron los filamentos de la luz encendida por la memoria redentora del sufrimiento judío.

A la comunidad cristiana, también, se le dijo desde el principio que no olvidara los sufrimientos de su fundador. Recordar la terrible muerte de Jesús hasta que regrese al final de los tiempos. Esta fue la orden que se les dio a los primeros creyentes. Pero este recuerdo no tiene la intención de remover el fuego del resentimiento en contra de la injusticia de la muerte de Jesús, sino lo contrario.

El sentido del recuerdo es ser renovado una y otra vez por la vida que emerge después del impacto de su injusta muerte.

La memoria redentora se enfoca en el amor que emerge de las cenizas, en la luz que desvanece las tinieblas, en la esperanza que sobrevive al recuerdo doloroso.

No intento menospreciar la posibilidad de que olvidemos y que la gente tome ventaja de este olvido. La gracia siempre es un riesgo. Dios lo sabe. Él sabe lo que se siente perdonar y después sentir el rechazo como desafío a su voluntad de perdonar nuevamente. "¡Pequen, que la gracia abundará!" ¿Por qué no? Si el perdón es nuestro juego, y nos gusta ejercitarlo, encontraremos un doble placer en ello.

Pero Dios sí se arriesga, así como cualquier persona que perdona a otro ser humano.

La duda no radica en si el perdón es peligroso, sino en si se trata de una apuesta más segura. Casi siempre resulta positivo y se obtienen mayores beneficios.

El perdón es arriesgado, pero hay maneras de incrementar las probabilidades de éxito. Una de ellas es convertir nuestros terrores del pasado en memorias redentoras.

Creo que vale la pena arriesgarse.

CAPÍTULO 20

El perdón es más poderoso

Con frecuencia, las personas apasionadas están seguras de que el poder sólo proviene del odio y la violencia. Debemos escucharlos.

Nadie, en estos tiempos, ha convencido a la gente de que el odio violento es el poder del futuro como lo ha hecho Franz Fanon; el ferviente psiquiatra argelino que, en los años sesenta, inspiró a muchos futuros líderes negros. Su apasionada filosofía quedó establecida en un libro llamado *The Wretched of the Earth**, dirigida a todas las personas que viven el dolor injusto de la opresión y la pobreza. Él afirmaba que la salvación yace en la violencia del odio.

"La violencia —dijo— es una fuerza purificadora. Libera a la persona que sufre un dolor injusto de su complejo de inferioridad y de la desesperación y la pasividad; elimina el miedo y restaura la dignidad."

Creo que no podría encontrar un desafío mayor a mi pasión por el perdón que el que encuentro en la pasión de Fanon por la violencia.

El odio, admito, aloja un sentimiento de poder. Una persona estimulada por el odio, siente el perdón flácido, débil e impotente. Nos sentimos más fuertes cuando ali-

---

* En español, *Los miserables de la Tierra.* (N. del T.)

mentamos nuestro desdén y planeamos la venganza. Imaginamos esquemas brillantes para poner a nuestros enemigos en su lugar, los obligamos a confesar en público, los hacemos pagar, y nuestros sueños de venganza nos hacen sentir muy fuertes. Un "al diablo contigo", y no un "te perdono", es la voz genuina del macho.

El odio genera verdadera energía. Las personas que han sido lastimadas y odian al verdugo, experimentan una oleada de poder dentro de ellos. Los prisioneros americanos sobrevivientes de Bataan, forzados durante su terrible marcha hacia la muerte, aguijoneados por las bayonetas de los enemigos, alimentados con comida podrida, sin esperanza de fuga o supervivencia, nos dicen que fue su odio el que les dio el poder para salir con vida.

Pero debemos aterrizar el asunto sobre nuestra ordinaria realidad. Tomemos como ejemplo a Marcie Rozen. Marcie fue abandonada por su esposo, sin dinero, sin habilidades para el mundo mercantil, sin autoestima, sintiéndose no amada y no amable. Preguntémosle qué fue lo que la ayudo más a salir del pantano de su desesperación para ingresar a una escuela de entrenamiento laboral, al mundo mercantil para encontrar trabajo y a obtener éxito. Marcie comentó: "Quería demostrarle al canalla que no podía lastimarme. El odio me dio la fuerza."

¿Qué es lo que una persona que perdona tiene que decir ante tal testimonio?

Lo siguiente: el odio despierta energía instantánea, pero se seca después de que el sufrimiento ha terminado. El odio nos puede mantener en movimiento mientras nos sentimos golpeados, pero el motor se apaga poco tiempo después de que la prueba ha pasado. Y, después, la dirección del odio se revierte y dirige su poder en contra del que odia. Debilita la energía del alma, la deja más débil que antes, demasiado débil como para vivir una mejor vida más allá del dolor.

El odio es para las emergencias, como cargar una batería rápidamente; es un estimulante, como la heroína. Como energetizador a largo plazo, no es confiable. Y, al final, acaba matando.

El poder del odio es especialmente superficial cuando se genera a partir de nuestro *miedo* hacia la debilidad. Permítanme compartir un relato para ilustrar el punto.

Mark Zwaak piensa que su esposa, Karen, es una mujer eficiente, agresiva, dominante, mientras que él se ve a sí mismo como un hombre tímido, sumiso e inútil. Karen demanda mucho de Mark; quiere que se haga cargo de los niños, que tome decisiones, que enfrente al mecánico que le cobra de más, que progrese en su trabajo y que deje de permitir que la gente abuse de él. Mark se siente miserable; se odia por ser un miembro débil de la sociedad.

Una noche, durante una fiesta con amigos, Karen había bebido de más y dijo burlonamente que despreciaba a Mark por ser un hijo de mamá que jamás había crecido. La fría malicia del comentario de Karen convirtió los sentimientos de Mark en un duro bloque de odio. Su marchita vergüenza se transformó en una erección de rabia. Cuando llegaron a casa, Mark se subió en el pequeño escalón de su ego humillado y gritó: "¡Nunca te voy a perdonar lo que hiciste!"

Y no perdonó. Hizo de su odio una mascota secreta; la fortaleció, la alimentó, la consintió, y permitió que vagara por los terrenos de su alma. Su odio se convirtió en un generador de fuerza interior.

Pero el odio era solamente una fuerza superficial. Debajo del odio, Mark sospechaba que Karen lo había calificado en su justa medida; él en realidad era débil, impotente e inútil. Su odio enmascaraba la debilidad que no se atrevía a enfrentar.

No pudo engañar a Karen; ella entendió que el gran odio de Mark era sólo un disfraz ante su debilidad; el único que pudo encontrar. Ella conocía a Mark.

Pero, definitivamente, se desconocía a ella misma. Se negó a ver que su arrogante rudeza era un instrumento efectivo para mantener su propia debilidad bajo control. Karen temía a la legión de demonios secretos que carcomían su alma, y necesitaba fortalecerse de Mark convirtiéndolo en su muleta. Pero Mark no era lo suficientemente fuerte, así es que ella se entregó al juego extenuante de ser más fuerte que él para, de esta manera, ocultar su debilidad.

Pero Karen aprendió. Al encontrarse cerca de un colapso nervioso, aprendió que no se puede ganar el juego de ser siempre el fuerte y jamás el débil. Mediante consejo y dolor, ella se reconcilió con su debilidad, con su miedo, con sus carencias. Así es que se deshizo del estigma de su desenvuelta autoconfianza.

Cuando finalmente reconoció su debilidad, encontró una fuerza verdadera. Encontró el valor para decirle a Mark lo débil y lo temerosa que en realidad era, y lo cruel que había sido al exigirle fortaleza. Ella supo que la fuerza llega sólo a través de la debilidad. ¿Por qué no ser débiles juntos?

El final feliz empezó cuando Mark aceptó reunirse con Karen en un programa de apoyo que tenía como objetivo aceptar sus frágiles, débiles y humanos seres. A Mark le tomó llanto, un río de lágrimas, lavar la confundida convicción de que para ser fuerte no se permite ser débil. Pero él derramó las lágrimas, y ellas deslavaron su ilusión.

Conforme aprendió que la fuerza sólo se da en un paquete de debilidad, Mark se hizo lo suficientemente fuerte como para dejar caer su máscara de odio. ¿Por qué no? Una persona que no se siente avergonzada por ser débil, no necesita el disfraz.

El creer que el odio significa fortaleza y el perdón debilidad es una falacia fabricada por una creencia absurda de la fuerza. Enfrenta a la fuerza y a la debilidad, como si tuviéramos que ser lo uno o lo otro, fuertes *o* débiles. Y así, como una película mala, presenta la vida en blanco y negro, cuando ésta no suele ser así. Nunca somos *o* fuertes *o* débiles; siempre somos *tanto* fuertes *como* débiles. Y en esa combinación encontramos nuestra humanidad.

Perdonar es una manera creativa de ser débiles y, con esto, una manera muy humana de ser fuertes.

Nombremos algunos de los puntos fuertes del perdón.

EL PERDÓN ES REALISMO

El perdón viene equipado con la crudeza del realismo. Para poder perdonar, debemos tener las agallas para mirar de frente al horror, a la injusticia, a la maldad de la que fuimos objeto. No podemos distorsionar, no podemos disculpar, no podemos ignorar. Vemos el mal frente a frente y lo llamamos por su nombre. Sólo las personas realistas pueden perdonar.

Una de las razones principales por la cual la gente no puede perdonar es por su miedo a enfrentar la realidad. Los padres pierden la oportunidad de perdonar a sus hijos porque temen enfrentar los hechos. Una madre tiene un sexto sentido que le indica que su hijo le roba dinero. Él lo necesita para comprarse drogas y para ponerle gasolina a su coche, pero ha perdido el empleo. Así es que roba en casa. Ella pierde un billete de diez dólares por ahí en su cartera, uno de veinte por allá en su ropero. Él deja huellas, lo suficientemente claras para ser descubierto. Ella lo sabe, pero se rehúsa a reconocerlo. Acomoda su certeza de manera segura en la bolsa subconsciente de los hechos desagradables. Cierra los ojos y evita la crisis del perdón.

La decepción es mucho más fácil que perdonar. Pero no se obtiene recompensa alguna en la curación.

El perdón se inicia con la facultad de sacudirnos la decepción, para lidiar con la realidad.

EL PERDÓN ES CONFRONTACIÓN

La fuerza del perdón puede verse de manera más clara cuando nace de la confrontación. No podemos perdonar por completo a alguien a quien no —de una u otra manera— hemos enfrentado para decirle: "Tú me lastimaste y te odio por eso."

Liz Bentley es profesora asistente de biología en una universidad de California y, aunque no es académica, es una buena maestra. A punto de ser promovida, el jefe de su departamento le prometió convencer al director de que le dieran el ascenso por su trabajo realizado en el salón de clases. Liz contaba con él.

El resultado fue una llamada del director para avisarle que no obtendría el ascenso. Le aconsejó que empezara a buscar otro empleo.

Al principio se sintió como una fracasada sin esperanza y, cuando empezaba a salir del pantano, un colega le comentó que el jefe de departamento —lejos de haberla recomendado— había desvirtuado su desempeño como maestra.

Liz fue traicionada por el hombre que le prometió ser su abogado. Fue mordida por detrás por un chacal académico. Lo odiaba.

Pero también necesitaba la recomendación de este hombre. Así es que, durante un tiempo, actuó como si le creyera cuando él le decía lo mucho que lamentaba no haber sido un apoyo suficientemente fuerte. Ella regresaba a casa cada noche a vomitar.

Pero Liz no pudo sostener el diálogo ambiguo por mucho tiempo. Tenía que dejar de mentirle al jefe y forzarlo a que él hiciera lo mismo con ella. Lo confrontaría y, si era necesario, tiraría su recomendación al excusado. En la cafetería, lo llevó a un sitio, lo miró directamente a los ojos y le dijo: "Jack, sé que me lanzaste un dardo cruel y te odio por eso." El jefe de departamento mintió de nuevo y se retiró.

Liz ahora empezó a sentir la fuerza que necesitaba para perdonar al hombre. Sabía que no iba a ser fácil; ni siquiera estaba segura de poder hacerlo. Pero al adquirir fuerza, se sintió lo suficientemente poderosa como para permitirse ser también lo suficientemente débil para perdonar. Así es que, en su mente, rasgó la piel del chacal y lo vio como a un pobre y débil hombre que yacía detrás.

La decisión de perdonar la liberó. Pudo dormir sin vomitar; guardó el Valium. Ahora sabía que independientemente del camino académico que recorriera, lo haría como una mujer libre.

EL PERDÓN ES LIBERTAD

Nadie nos puede obligar a perdonar.

Sólo una persona libre puede elegir vivir con el marcador desigual. Sólo una persona libre puede elegir empezar de nuevo con alguien que la ha herido. Sólo una persona libre puede vivir sin ajuste de cuentas. Sólo una persona libre puede curar el recuerdo de la herida y deshacerse del odio.

Cuando perdonamos a otra persona, quedamos sorprendidos ante nuestra propia libertad para hacer esto. Ni todo un ejército habría podido obligarnos a hacerlo. Perdonamos libremente para desplazarnos hacia una libertad mayor. La libertad es una fuerza que descubrimos cuando tenemos el poder de perdonar.

EL PERDÓN ES EL PODER ÚLTIMO DEL AMOR

El amor es el poder detrás del perdón.

Pero éste no funciona como mucha gente supone.

El amor no es un sentimiento suave y débil que permite que la gente pueda salir impune, sin importar lo que nos haga. El amor no nos convierte en seres sumisos a merced de la gente que nos lastima injustamente.

El amor perdona, pero solamente porque es poderoso.

El amor tiene dos ingredientes que lo fortalecen. Uno de ellos es el respeto, el otro, el *compromiso*.

Por un lado, estas dos cualidades nos hacen lo suficientemente vulnerables como para necesitar perdonar. Por el otro, nos dan la fuerza para hacerlo.

Primero, consideremos que el poder del amor es el que hace surgir el respeto por nosotros mismos.

Si nos amamos verdaderamente, nos respetaremos de la misma manera. Y es precisamente nuestro autorrespeto el que logra que nos adentremos en situaciones en las que somos desafiados a perdonar.

Cuando nos respetamos a nosotros mismos, establecemos límites en cuanto al abuso que somos capaces de tolerar de personas inconscientes o crueles, incluso si los amamos. Algunas heridas serán inaceptables por el simple hecho de que tenemos demasiada dignidad como para sentir que las merecemos. No aceptaremos la deslealtad de parte de los amigos en quienes confiamos, o las traiciones de las esposas a quienes amamos o el abuso de los niños a los que cuidamos. Tales heridas van más allá de los límites que una persona que se respeta a sí misma es capaz de permitir.

El amor es demasiado poderoso como para permitirnos asumir toda la culpa de nuestro dolor; como si fuera nuestra responsabilidad la falta de amor de un padre, la traición de una esposa o el desafío de un hijo hacia nuestros valores. El amor no nos permite asumir la responsabilidad completa. A veces llega a las profundidades del almacén de nuestra nobleza y dice: “No más, respeto demasiado a mi propio ser como para seguir siendo tolerante.”

Cuando el amor nos devuelve el autorrespeto, y nos rehusamos a seguir soportando, es inevitable la decisión: debemos perdonar.

¿Queremos adherirnos a la memoria dolorosa de la herida que no merecimos? ¿Haremos caminar el recuerdo por los rincones de nuestra memoria, saboreando su amargura, exprimiendo hasta el último gramo del desquiciante placer que sacamos de nuestro dolor? ¿O, motivados por el autorrespeto, podremos liberarnos mediante el perdón?

El mismo amor basado en el autorrespeto que nos produce una *crisis del perdón,* tiene el poder de conducirnos hacia el *lugar de autocuración.*

El amor no permitirá que nos encerremos en la celda de nuestros recuerdos amargos. No nos permitirá sumergirnos en la degradante miseria de rondar en el dolor del pasado. El amor por nosotros mismos generará la suficiente energía como para, finalmente, decir: "Ha sido suficiente; no seguiré permitiendo que los golpes bajos de otro me sigan lastimando y degradando." Y, así, empezamos a perdonar.

De esta manera, podemos desplazar el lente y dirigir nuestro amor hacia la persona que nos ha lastimado. El amor nos permite respetarlo también, sin importar lo cruel, lo terrible o lo profundamente injusto que haya sido.

El mayor respeto que podemos brindar a los demás es dejarlos responsabilizarse por sus propias acciones. El amor tiene este poder: el poder de dejar que la gente asuma la responsabilidad por habernos lastimado.

El amor *no* siempre resguarda a la gente, *no* siempre encuentra excusas para sus acciones, no siempre los protege. Conozco a un hombre cuya esposa es alcohólica y que, cuando bebe, se vuelve abusiva e hiriente. En estas ocasiones, ella lo lastima profundamente. Pero él no se atreve a decirle que busque ayuda por sí misma, no se atreve a darle la libertad para que ella decida si quiere obtener ayuda y, ciertamente, no se atreve a abandonar la casa para protegerse. Su justificación es su amor desmedido por ella. Pero él no la ama con el poderoso amor del respeto; no la respeta lo suficiente como para permitirle hacerse responsable de sí misma.

Cuando realmente amamos a la gente con respeto, permitimos que se hagan responsables de lo que nos han hecho. Y, después, enfrentamos la crisis del perdón.

Y es cuando se da el cambio maravilloso. Nuevamente, de la misma manera en que nos sumerge en la crisis, el amor nos da el poder para salir de ella.

El amor respeta a las personas como a seres humanos genuinos; incluso después de habernos tratado como basura. Las personas que nos han herido tan profundamente no son sólo un cúmulo de corrupción degenerada; son seres humanos complejos con más contenido que simple maldad y locura. Tienen el potencial para ser mejores y son más veraces de lo que eran cuando nos lastimaron. El respeto por ellos nos hará ver a la *persona* que hay detrás de la rata. Y este respeto puede estimularnos a caminar en dirección hacia el perdón.

Hasta aquí, entonces, en cuanto al poder del amor que hacer surgir el respeto hacia nosotros mismos y hacia la persona que nos lastimó.

Ahora vayamos al segundo ingrediente que conforma el poder del amor: *el apostar por un compromiso.*

El amor verdadero se atreve a comprometerse con alguien y ahí encontramos tanto su vulnerabilidad como su fuerza.

Cuando nos comprometemos con alguien a quien amamos ponemos la mirada en un futuro que no podemos controlar. Prometemos estar ahí con ellos, sin importar cuáles sean las circunstancias. Y al comprometernos con las personas, esperamos que ellas hagan lo mismo.

Pero es un riesgo confiar en un compromiso con alguien, por no decir con el nuestro propio. No me sorprende que la gente rompa sus compromisos, sino el valor que tuvieron para alguna vez hacerlos. Los compromisos nos convierten en seres sumamente vulnerables.

Si no nos atrevemos a correr el riesgo de tener que perdonar, todo lo que necesitamos hacer es evitar los compromisos. Podemos mantener nuestras opciones abiertas y nuestras maletas empacadas para poder desplazarnos hacia praderas más verdes cada vez que nuestras relaciones no resulten como esperamos. Podemos huir del dolor, correr rápidamente y dejar que otros recojan lo que tiramos a nuestro paso. O, la otra opción, es volvernos unos ermitaños urbanos y nunca involucrarnos con nadie más allá de lo que concierne al trabajo. Si podemos evitar cualquiera de los compromisos del amor, podemos vivir largo tiempo sin tener que perdonar jamás.

Pero cualquiera cuyo amor lo haga tomar el riesgo del compromiso, se convierte en un candidato del perdón. Pues cuando el amor te compromete, inevitablemente te vuelve vulnerable a las heridas de la gente que retira sus compromisos. Y cuando alguien nos lastima, nos vemos orillados a decidir salir al escenario y bailar al ritmo de la música de nuestro perdón, o a escondernos tras las bambalinas de nuestro propio y deprimente dolor.

Pero, de nuevo, el cambio. El mismo amor que se atreve a ser vulnerable mediante el compromiso tiene la fuerza de curarnos del dolor inherente al compromiso.

El amor comprometido no dice "se acabó" antes de que el último acto termine. Nos da la fuerza suficiente como para sobrevivir a los momentos difíciles con la esperanza de vivir tiempos mejores. El amor comprometido no arroja la toalla antes de que la pelea esté realmente terminada. Resiste. Y mientras lo hace, nos da la energía y la fuerza para mantener la puerta abierta para el día que un nuevo inicio sea posible.

Resumiendo, el poder del amor para hacer del perdón algo posible es más fuerte que el poder del odio para la venganza. Admito que el odio nos da un poder temporal para sobrevivir a la brutalidad del momento, poder a corto plazo que nos incita a tomar determinaciones drásticas para el mañana. Pero el odio carece de un poder permanente para crear un futuro justo, más allá de la venganza.

Es el perdón el que nos provee del flujo de curación a largo plazo. Para largas distancias, el perdón es más poderoso que el odio.

CAPÍTULO 21

El perdón es parte del agravio

En una crisis del perdón, siempre hay un tipo bueno y un tipo malo. Alguien ha herido a otra persona, injusta y profundamente; una persona necesita perdonar y otra necesita ser perdonada.

Pero cuando contemplamos el cuadro *completo,* siempre descubrimos que aquellos que fueron heridos probablemente necesiten ser perdonados, también, por alguien más. Y si necesitan perdón, tienen una razón más para perdonar a aquellos que los han lastimado.

Cuando nos lastiman injustamente, es inevitable sentirnos como corderos inocentes. Pero nunca somos tan puros como nos sentimos. Pude haber sido traicionado, engañado, difamado y, en otras diversas maneras, gravemente ultrajado; es probable que me sienta como una víctima, como la bondadosa e inocente oveja trasquilada. Pero recibir el maltrato de alguien no nos convierte en buenas personas. Como Reinhold Neibuhr nos decía años atrás: "Hay un laberinto de motivos en cada corazón; y cada acción, tanto buena como mala, es la consecuencia de un complejo debate dentro del alma." Somos demasiado complejos para ser puros.

Más aún, rara vez somos víctimas de la *absoluta* maldad de alguien más. Generalmente contribuimos a nuestra propia vulnerabilidad. Nos preparamos para ser lastimados. A veces, invitamos al dolor, no por amar demasiado a alguien, sino porque somos demasiado estúpidos. Quizá cooperamos en nuestro desgarramiento porque somos demasiado flojos como para ver agudamente antes de acordar algo. Quizás contribuimos en la infidelidad de nuestra esposa por nuestra insensible ignorancia de sus necesidades y deseos. Quizá en la rebeldía de nuestros hijos por nuestros juicios fríos y nuestro ardiente temperamento. Ciertamente, sabemos que incluso si somos la parte *herida,* rara vez somos la parte absolutamente *inocente.*

Nuestra virtud siempre está comprometida; nunca somos tan inocentes como cuando sentimos el sabor del odio naciente por la persona que nos lastimó.

Los errores propios, por lo tanto, reducen el abismo entre la víctima y el verdugo. Definitivamente, no arrojamos nuestro perdón desde el pico de una montaña sagrada; estamos en el valle con los que nos han lastimado.

Aleksandr Solzhenitsyn, el novelista que fue expulsado de Rusia por no poder mantener la boca cerrada en cuanto a la verdad, y que ahora vive y trabaja en Estados Unidos, nos cuenta, en *The Gulag Archipelago**, sobre su amistad con un oficial durante la Segunda Guerra Mundial. Él sentía que entre su amigo y él había una completa afinidad; tenían las mismas convicciones, las mismas esperanzas y los mismos sentimientos sobre todas las cosas.

Pero después de la guerra, sus destinos los llevaron por direcciones opuestas.

Solzhenitsyn fue encerrado en prisión junto con un sinfín de rusos inocentes, devorados por la insondable maquinaria del Gulag soviético. Sobrevivió mediante un régimen de valor diario.

---

* En español, *El archipiélago Gulag.* (N. del T.)

Pero, ¿qué le pasó a su amigo? Se convirtió en uno de los interrogadores que sacaban confesiones de gente inocente a través de métodos tan inhumanos, que la piel se eriza sólo de leer acerca de ellos.

Así es que tenemos a dos amigos que se amaban, que sentían como si hubieran salido del mismo molde y que estaban seguros que vivirían su vida de la misma y útil manera. Pero mientras uno se convierte en el elocuente ejemplo del valor humano, el otro se transforma en un vigoroso agente dentro de una red enferma de brutalidad humana.

Solzhenitsyn se preguntaba cómo su vida y la de su amigo habían resultado en algo tan diferente. Pero sabía algo con certeza: él no era una persona completamente buena y su amigo no era una persona completamente mala. Solzhenitsyn se conocía demasiado bien.

Así es que lo encontramos confesando que si él hubiera estado en el lugar equivocado, bajo la tutela equivocada y bajo las circunstancias equivocadas, habría terminado exactamente como su amigo.

Hay que considerar lo que dice mientras se pregunta sobre las diferencias entre su amigo y él:

> Si sólo hubiera malas personas... cometiendo malas acciones, y tan sólo fuera necesario separarlos del resto de nosotros y destruirlos. Pero la frontera entre el bien y el mal atraviesa el corazón de cada ser humano. ¿Y quién quiere destruir un pedazo de su propio corazón?
>
> Durante la vida de cualquier corazón, esta línea sigue cambiando de lugar; a veces es arrinconada en un extremo por la maldad pujante y, a veces, se desplaza para hacer el suficiente espacio como para que el bien florezca. Un ser humano es, en distintos momentos y bajo distintas circunstancias, un ser humano completamente distinto. A veces, está cerca de ser demonio; a veces, santo. Pero su nombre no cambia, y a este nombre atribuimos el ser total, bueno y malo.

Estas son las palabras de un hombre cuya figura se ha convertido, en nuestro tiempo, en la encarnación del valor humano y la integridad incorruptible.

Confieso que tengo el mal hábito de ponerme en los zapatos de las personas que hacen daño. Cuando leo una historia verídica sobre un villano que lastima profundamente, inevitablemente me pregunto qué habría hecho si hubiera estado sujeto a las mismas influencias. Tomemos como ejemplo a los dueños de esclavos, incluyendo a los más crueles. ¿Qué habría hecho yo de haber sido el dueño de una plantación en Georgia? ¿Hubiera tenido la intuición moral como para ver lo terrible que era la esclavitud? Ciertamente, no lo sé, pero sospecho que habría actuado de la misma manera que los blancos de esa época.

Cuando le doy consejo a un hombre que admite haber lastimado a alguien a quien amaba, me pongo en su lugar y me pregunto si yo habría actuado de mejor manera. Mi corazón sabe que quizá no actuaría mejor.

Creo que no soy un morboso. Pienso que se trata de un ejercicio que me recuerda que gran parte de mi aparente virtud no es otra cosa que buena suerte y gracia de Dios. Bajo otras circunstancias, cuando el ser honesto o valiente requiere pagar un precio muy alto, no podría garantizarle a nadie que yo sería un héroe.

Todos somos una amalgama. Tenemos tanto a Jezabel como a la Virgen María dentro de nuestras almas; todos nosotros. Y no existe una gran distancia entre ellas. Así es que, ¿quiénes somos *nosotros* para creer que somos lo suficientemente inocentes como para perdonar a una persona que es culpable por habernos herido?

El perdonar se encuentra en la gente culpable. Y todos somos culpables. Las mejores personas pertenecen a un club católico donde nadie se atreve a arrojar la primera piedra. Entonces, para nosotros, el perdonar a otros tiene cierta congruencia con esa amalgama de vicio y virtud que somos.

Todo esto explica el porqué Jesús era tan severo con los pecadores que se rehusaban a perdonar a otros pecadores. Él veía la incongruencia risible en la gente que necesita ser perdonada, pero que le da la espalda a los que necesitan un poco de su perdón.

Él relata la historia sobre un sirviente de palacio a quien se le perdonó una gran deuda; el rey le perdonó una deuda de diez mil talentos, suma que tardaría quince años en pagar. Después de ser perdonado, el sirviente se encontró con un hombre que únicamente le debía cien denarios; suma que habría podido sacar en un día de trabajo; el sirviente del rey exigió cada uno de los denarios. Cuando el rey escuchó esto, mandó llamar al sirviente, le retiró su perdón y lo arrojó a la servidumbre para que pagara la deuda con su trabajo.

La historia es una metáfora de la relación entre Dios y el hombre. Si actuamos como el sirviente incapaz de perdonar, Dios actuará como el rey.

Jesús toma el truco más difícil —el perdón— de la bolsa y dice que lo tenemos que ejecutar o estaremos destinados a vivir en la región olvidada de los que no pueden ser perdonados. Esto nos hace sentir como la hija del molinero a quien se le dijo que si no hilaba oro de un montón de paja antes del amanecer, perdería la cabeza. Y ningún duendecillo Rumplestiltskin vendrá e hilará el perdón con nuestros corazones de paja. Pero, ¿por qué Jesús es tan severo con nosotros?

Es severo debido a que la incongruencia de los pecadores que se rehúsan a perdonar a otros pecadores sorprende la mente de Dios. No puede tolerarlo; no existe una manera honesta de soportarlo.

Así es que dice: si quieren el perdón de Dios y no pueden perdonar a alguien, olvídense del perdón que necesitan. Olvidemos la elocuencia del inglés del rey James y oigamos a Jesús decir algo como lo siguiente: si se rehúsan a perdonar a alguien cuando esperan ser perdonados por alguien más, pueden irse al infierno.

El regalo de ser perdonado y el poder amoroso de perdonar son como el yin y el yang. Cada uno necesita del otro para existir. Recibir el regalo sin utilizar el poder es absurdo; es como exhalar sin inhalar, o como querer caminar sin mover las piernas.

En realidad, es una cuestión de estilo. Generalmente, ¿cómo reaccionamos ante las personas que nos lastiman? ¿Siempre enfocamos la yugular? ¿Planeamos la venganza cada vez que alguien nos trata mal? ¿El desquitarnos se ha convertido en una forma de vida? Si *nunca queremos* perdonar, si *nunca intentamos* remover un recuerdo de odio y amargura para restaurar una relación de amor, nos encontramos en grandes dificultades.

Si *intentamos* perdonar, incluso si al principio lo hacemos paso a paso, podemos considerarnos como poseedores de la capacidad para perdonar. La mayoría de nosotros somos amateurs, incompetentes a veces. Pero, ¿qué importa? En este juego nadie es experto. Todos somos principiantes.

Postludio

Ya hemos visto el impredecible, asombroso y creativo acto de perdonar a otro ser humano.

Revertimos el flujo de la historia aparentemente irreversible... de nuestra propia historia... de nuestra íntima y dolorosa historia. Revertimos el flujo de dolor que empezó en el pasado cuando alguien nos lastimó, un flujo que se filtra hasta nuestro presente para herir nuestra memoria y envenenar nuestro futuro. Podemos curarnos.

Se trata de un acto absolutamente *impredecible;* nadie sospecharía, en la naturaleza de las cosas, en la natural causa y efecto de las cosas, que tiene por qué perdonar.

Realizamos un milagro del que alguien difícilmente se percata.

Lo hacemos en soledad; otras personas nos pueden ayudar, pero finalmente lo hacemos nosotros, realizamos el milagro en la intimidad de nuestro interior.

Lo hacemos en silencio, nadie puede grabar nuestro milagro.

Lo hacemos de manera invisible; nadie puede filmar nuestro milagro.

Lo hacemos libremente; nadie nos puede forzar a perdonar a alguien.

Es algo *asombroso.* Cuando lo realizamos, cometemos una transgresión en contra de la estricta moralidad que no descansa con algo que esté por debajo de un empate.

Es algo *creativo:* cuando perdonamos nos acercamos lo más humanamente posible a un acto esencialmente divino de creación. Pues creamos un nuevo comienzo a partir del dolor de nuestro pasado, ese que nunca debió existir. Creamos el remedio para el futuro al cambiar un pasado que sólo cargaba la posibilidad de enfermedad y muerte.

Cuando perdonamos, nos subimos a la cresta de la ola cósmica del amor; caminamos de la mano con Dios.

Y curamos la herida que nunca merecimos.